Kohlhammer

Die Herausgeberinnen

Dr. phil. Maria Stippler-Korp ist Klinische Psychologin und Psychotherapeutin (Konzentrative Bewegungstherapie). Sie lehrt an der Universität Innsbruck im Psychotherapeutischen Propädeutikum und ist Lehrtherapeutin im ÖAKBT.

Silvia Schüller Galambos ist Psychotherapeutin für Konzentrative Bewegungstherapie. Sie leitet die sozialpsychiatrische Arbeitsinitiative »Kräuterfeld« des Psychosozialen Pflegedienstes Tirol.

Maria Stippler-Korp, Silvia Schüller Galambos

Konzentrative Bewegungstherapie

Psychotherapie mit Leib und Seele

Verlag W. Kohlhammer

Dieses Werk einschließlich aller seiner Teile ist urheberrechtlich geschützt. Jede Verwendung außerhalb der engen Grenzen des Urheberrechts ist ohne Zustimmung des Verlags unzulässig und strafbar. Das gilt insbesondere für Vervielfältigungen, Übersetzungen und für die Einspeicherung und Verarbeitung in elektronischen Systemen.

Pharmakologische Daten verändern sich ständig. Verlag und Autoren tragen dafür Sorge, dass alle gemachten Angaben dem derzeitigen Wissensstand entsprechen. Eine Haftung hierfür kann jedoch nicht übernommen werden. Es empfiehlt sich, die Angaben anhand des Beipackzettels und der entsprechenden Fachinformationen zu überprüfen. Aufgrund der Auswahl häufig angewendeter Arzneimittel besteht kein Anspruch auf Vollständigkeit.

Die Wiedergabe von Warenbezeichnungen, Handelsnamen und sonstigen Kennzeichen berechtigt nicht zu der Annahme, dass diese frei benutzt werden dürfen. Vielmehr kann es sich auch dann um eingetragene Warenzeichen oder sonstige geschützte Kennzeichen handeln, wenn sie nicht eigens als solche gekennzeichnet sind.

Es konnten nicht alle Rechtsinhaber von Abbildungen ermittelt werden. Sollte dem Verlag gegenüber der Nachweis der Rechtsinhaberschaft geführt werden, wird das branchenübliche Honorar nachträglich gezahlt.

Dieses Werk enthält Hinweise/Links zu externen Websites Dritter, auf deren Inhalt der Verlag keinen Einfluss hat und die der Haftung der jeweiligen Seitenanbieter oder -betreiber unterliegen. Zum Zeitpunkt der Verlinkung wurden die externen Websites auf mögliche Rechtsverstöße überprüft und dabei keine Rechtsverletzung festgestellt. Ohne konkrete Hinweise auf eine solche Rechtsverletzung ist eine permanente inhaltliche Kontrolle der verlinkten Seiten nicht zumutbar. Sollten jedoch Rechtsverletzungen bekannt werden, werden die betroffenen externen Links soweit möglich unverzüglich entfernt.

1. Auflage 2023

Alle Rechte vorbehalten
© W. Kohlhammer GmbH, Stuttgart
Gesamtherstellung: W. Kohlhammer GmbH, Stuttgart

Print:
ISBN 978-3-17-042777-8

E-Book-Formate:
pdf: ISBN 978-3-17-042778-5
epub: ISBN 978-3-17-042779-2

Autor*innenverzeichnis

Achatz-Petz, Gudrun, Dr. Mag., ist Klinische- und Gesundheitspsychologin und Psychotherapeutin für Konzentrative Bewegungstherapie. Sie ist in freier Praxis in Salzburg tätig.
Kontakt: achatz-petz@aon.at

Backmann, Ute, M. A., ist Kultur- und Sozialwissenschaften, Dipl.-Soz.-arb., Lehrtherapeutin im DAKBT, Supervisorin & Coach DGSv, Heilpraktikerin für Psychotherapie undTraumatherapeutin. Sie ist als Therapeutin in der Klinik für Allgemeine Innere Medizin und Psychosomatik der Universität Heidelberg tätig, sowie in freier Praxis als Lehrtherapeutin und Supervisorin im sozialen, medizinischen und universitären Kontext.
Kontakt: backmann@kbt-heppenheim.de

Bidovec-Kraytcheva, Mariella, Mag., ist Psychotherapeutin und Lehrtherapeutin im ÖAKBT sowie Traumatherapeutin. Sie hat ein eigenes KBT-Traumatherapie-Konzept entwickelt, ist zusätzlich Kinder- und Jugendpsychotherapeutin und arbeitet in freier Praxis in Klagenfurt am Wörthersee.
Kontakt: praxis@psychotherapie-kaernten.at

Draxler, Angelika, ist Psychotherapeutin für Konzentrative Bewegungstherapie sowie akademische Supervisorin in der Österreichischen Vereinigung für Supervision und Coaching. Sie arbeitet in freier Praxis in Wien.
Kontakt: angelika.draxler@aon.at

Epner, Alexandra, ist Diplom-Sportwissenschaftlerin und Therapeutin für Konzentrative Bewegungstherapie. Sie ist langjährig als Therapeutin an

den Helios Dr. Horst Schmidt Kliniken in Wiesbaden tätig.
Kontakt: alexandra@epner.de

Gritsch, Ulrike, Mag. phil., ist Klinische und Gesundheitspsychologin und Psychotherapeutin für Konzentrative Bewegungstherapie. Sie arbeitet in freier Praxis in Innsbruck.
Kontakt: praxis@psychotherapie-kbt.at

Grützmacher, Swantje, ist Sportwissenschaftlerin (M. A.) und Therapeutin für Konzentrative Bewegungstherapie. Sie arbeitet als Therapeutin in der Wiegmann Klinik in Berlin.
Kontakt: swantje.gruetzmacher@t-online.de

Hofinger, Helga, M.Sc., ist Psychotherapeutin und Lehrtherapeutin im ÖAKBT. Nach langjähriger therapeutischer Tätigkeit an der Medizinischen Universität Wien ist sie in freier Praxis in Wien tätig.
Kontakt: h.m.hofinger@gmail.com

Kügerl, Sigrid, M.Sc., ist Psychotherapeutin für Konzentrative Bewegungstherapie und Psychoonkologin. Sie arbeitet im Landesklinikum Baden-Mödling im Bereich Onkologie und Palliativcare sowie in freier Praxis in Pottenstein.
Kontakt: kuegerl@psychotherapeutin-baden.at

Müller, Marina, Dr. rer.pol., Dipl.Soz.-oek., ist Lehrtherapeutin für Konzentrative Bewegungstherapie im DAKBT. Sie arbeitet als Therapeutin für Kinder, Jugendliche und Erwachsene in freier Praxis in Wertingen.
Kontakt: info@psychotherapie-marina-mueller.de

Oedl-Kletter, Elisabeth, Dr. med., ist Ärztin für Allgemeinmedizin und Psychotherapeutische Medizin, KBT-Psychotherapeutin, Lehrtherapeutin im ÖAKBT und Vorstandsmitglied der Gesellschaft für Psychosomatik. Sie hat bis Ende 2022 in freier Praxis in Salzburg gearbeitet und widmet sich seither vorwiegend der Ausbildungstätigkeit.
Kontakt: oedl-kletter@aon.at

Plank-Matias, Andrea, ist Kinder- und Jugendlichenpsychotherapeutin (analytisch/tiefenpsychologisch) und Therapeutin für Konzentrative Bewegungstherapie. Sie arbeitet in freier Praxis in Gauting bei München.
Kontakt: info@psychotherapie-fuer-kinder-jugendliche.de

Schreiber-Willnow, Karin, Dr. rer.medic., ist Diplom-Mathematikerin und Therapeutin für Konzentrative Bewegungstherapie. Sie war langjährig als Therapeutin und Wissenschaftlerin an der Rhein-Klinik Bad Honnef tätig.
Kontakt: schreibwil@netcologne.de

Schüller Galambos, Silvia, Mag. phil., ist Psychotherapeutin für Konzentrative Bewegungstherapie in freier Praxis in Innsbruck. Sie leitet die sozialpsychiatrische Arbeitsinitiative »Kräuterfeld« des Psychosozialen Pflegedienstes Tirol.
Kontakt: silvia-schueller@gmx.at

Seidler, Klaus-Peter, Prof. Dr., ist psychologischer Psychotherapeut (tiefenpsychologisch fundierte Psychotherapie) und Therapeut für Konzentrative Bewegungstherapie. Er ist Gastwissenschaftler an der Medizinischen Hochschule Hannover und als Dozent und Supervisor an psychotherapeutischen Ausbildungsinstituten tätig.
Kontakt: seidler.klaus-p@mh-hannover.de

Sommerer, Christa, Mag. MAS, ist Psychotherapeutin für Konzentrative Bewegungstherapie mit dem Schwerpunkt Trauerbegleitung. Sie ist in Tirol niedergelassen.
Kontakt: christa.sommerer@outlook.com

Stippler-Korp, Maria, Dr. phil., ist Klinische Psychologin und Psychotherapeutin für Konzentrative Bewegungstherapie in freier Praxis in Telfs. Sie lehrt an der Universität Innsbruck im Psychotherapeutischen Propädeutikum und ist Lehrtherapeutin im ÖAKBT.
Kontakt: psychotherapie@telfs.com

Inhalt

Autor*innenverzeichnis 5

Vorwort 13

1 **Herkunft und Entwicklung der Konzentrativen Bewegungstherapie** 17
   Silvia Schüller Galambos
   1.1 Die körpertherapeutischen Wurzeln 17
   1.2 Die tiefenpsychologischen Wurzeln 18
   1.3 Übergänge und Verbindungen 19
   1.4 Inspirierende Anfänge 20
   1.5 Der Weg zur lehr- und lernbaren Psychotherapiemethode 21

2 **Wissenschaftliche und therapietheoretische Grundlagen** 23
   Silvia Schüller Galambos
   2.1 Vor allem anderen: Ethik 24
   2.2 Begriffsklärung 25
   2.3 Bewegen 30
   2.4 Wahrnehmen 32
   2.5 Erinnern 34
   2.6 Fühlen 35
   2.7 Verbunden 36
   2.8 Entwickeln 38
   2.9 Verändern 43
   2.10 Schlussbemerkungen 44

3 Kernelemente der Diagnostik 46
Maria Stippler-Korp
- 3.1 Symptomorientierte Diagnostik 47
- 3.2 Das Phänomen 48
- 3.3 Für die KBT entwickelte Diagnoseinstrumente 49
- 3.4 Körperfokussierte Diagnoseinstrumente 51
- 3.5 KBT-Diagnostik in Anlehnung an die Operationalisierte Psychodynamische Diagnostik (OPD) 53
- 3.6 Das Zusammenspiel von Diagnostik und Therapieplanung 56

4 Kernelemente der Konzentrativen Bewegungstherapie 58
Maria Stippler-Korp
- 4.1 Besonderheiten hinsichtlich des therapeutischen Raums und Rahmens 59
- 4.2 Angebote 61
- 4.3 Die therapeutische Beziehung 64
- 4.4 Konzentrative Wahrnehmung 67
- 4.5 Bewegung 72
- 4.6 Berührung 74
- 4.7 Die Verwendung von Gegenständen 77
- 4.8 Handlungsdialog und Interaktionsangebote 81
- 4.9 Die Bedeutung der Sprache in der KBT 82
- 4.10 Die verbale Reflexion 83

5 Fallbeispiel 88
Silvia Schüller Galambos und Maria Stippler-Korp
- 5.1 Informationen aus der Anamnese 88
- 5.2 Diagnose, erste Arbeitshypothese und daraus abgeleitete Ziele 90
- 5.3 Zentrale Entwicklungsthemen in der Therapie 91
- 5.4 Veränderungen im Alltag 95

6 Spezielle Settings ... 97

- 6.1 KBT im Einzelsetting – Ziehen an einem Strang ... 97
  Ulrike Gritsch
- 6.2 KBT als Gruppentherapie ... 105
  Karin Schreiber-Willnow
- 6.3 KBT mit Kindern und Jugendlichen ... 113
  Andrea Plank-Matias und Marina Müller
- 6.4 KBT im Garten ... 123
  Silvia Schüller Galambos
- 6.5 KBT als Teletherapie ... 131
  Angelika Draxler

7 Spezielle Indikationsfelder ... 138

- 7.1 KBT: ein psychosomatischer Blick auf den Menschen ... 138
  Elisabeth Oedl-Kletter
- 7.2 KBT mit Menschen mit strukturellen Einschränkungen ... 145
  Helga Hofinger
- 7.3 KBT als ganzheitliche Methode zur Behandlung von Trauma und Traumafolgen ... 152
  Mariella Bidovec-Kraytcheva
- 7.4 KBT mit Menschen mit Lernschwierigkeiten ... 161
  Gudrun Achatz-Petz
- 7.5 Von der Ohnmacht ins Tun: Trauerbegleitung mit KBT ... 169
  Christa Sommerer
- 7.6 Onkologie und KBT – Berührungen an der Grenze ... 177
  Sigrid Kügerl

8 Forschungsergebnisse ... 186

Karin Schreiber-Willnow, Alexandra Epner, Swantje Grützmacher und Klaus-Peter Seidler

- 8.1 Wirksamkeit ... 186
- 8.2 Wirkfaktoren ... 187
- 8.3 Behandlungsspektrum ... 189

	8.4	Resümee	189
9		**Institutionelle Verankerung der KBT**	**192**
		Ute Backmann und Maria Stippler-Korp	
	9.1	Stellung der KBT innerhalb des Gesundheitssystem in Deutschland	192
	9.2	Stellung der KBT innerhalb des Gesundheitssystems in Österreich	193
	9.3	Ausbildung	194

Stichwortverzeichnis **197**

Vorwort

Als Helmuth Stolze im Jahr 1958 die Konzentrative Bewegungstherapie (KBT) auf der Lindauer Psychotherapiewoche vorstellte, hielt er ausdrücklich fest, dass diese Bezeichnung vorläufigen Charakter habe: »Es ist aber zur Zeit noch nicht möglich, einen wirklich zutreffenden Namen anzubieten« (Stolze, 1984, S. 15). In einer Fußnote führte er weiter aus, wie schwierig es sei, einen geeigneten Namen dafür zu finden, was gemeint sei und was dabei getan werde. Seine Vorschläge waren »(körper-)erspürende Bewegungstherapie« – »erspürte Bewegung als Therapie« oder »Behandlung durch erspürte Bewegung« – »konzentrative (oder: meditative) Bewegungs-Sinn-Therapie« – »Bewegungs-Besinnungs-Therapie« – »ganzheitliche Bewegungstherapie«. Auch Generationen nach ihm ringen Therapeut*innen um Worte, wenn sie erklären wollen, was die KBT denn nun sei. Helmuth Stolze hätte wahrscheinlich ein Lächeln für sie und würde meinen: »KBT ist immer anders!«

Auch wenn Helmuth Stolze eine wichtige Persönlichkeit in der Entwicklung der Therapiemethode war, ist die KBT nicht die Schöpfung oder Erfindung einer einzelnen Person, sondern entstand im kreativen Zusammenwirken vieler Menschen, die alle auf einzigartige Weise ihren Beitrag leisteten. Am Beginn stand nicht die Idee, eine perfekt ausformulierte Theorie zu verfassen, sondern im Mittelpunkt stand die gelebte Praxis des gemeinsamen Spürens, Wahrnehmens und Forschens im Sinne Elsa Gindlers. Die ersten KBT-Therapeut*innen waren von der Hoffnung inspiriert, neue Wege zu finden, um Menschen mit psychischen Erkrankungen helfen zu können. Dabei entdeckten sie, dass diese Methode auch für die persönliche Lebensgestaltung eine unglaubliche Bereicherung war.

Seitdem sind wir einige Schritte gegangen. Die Therapiemethode selbst ist auf dem Weg und entwickelt sich weiter. Aktuelle Theorien und Forschungsfelder, wie die Gedächtnisforschung und die neuroaffektiven Wissenschaften, bestätigen die theoretische Basis der KBT und helfen uns, die Wirkmechanismen zunehmend besser zu verstehen. Neue Arbeitsfelder entwickeln sich, zum Teil aufgrund aktueller Herausforderungen, wie etwa die Tele-KBT oder durch das auf dem Weg sein von KBT-Therapeut*innen, die neue Tätigkeitsfelder betreten, wie beispielsweise in der Psychoonkologie oder in der Gartentherapie.

Der Vielfalt der KBT präsentiert sich in diesem Buch auch in der Vielfalt der Beiträge: Wir danken unseren Kolleginnen und Kollegen, die bereit waren, aus ihrem Erfahrungsschatz zu berichten und Beiträge für dieses Buch zu verfassen. Es freut uns, dass KBT-Therapeut*innen aus Österreich und aus Deutschland sich mit uns auf dieses Ringen nach Worten eingelassen haben. Uns verbindet die Begeisterung für unsere gemeinsame Methode, ihre Arbeitsweise und der Wunsch, sie voranzubringen. Viel mehr könnte gesagt und ausführlicher zur Sprache kommen. Uns ist bewusst, dass dieses Buch nur einen ganz kleinen Ausschnitt dessen abbildet, was die KBT in ihrem reichen Erfahrungsschatz anbietet. Es stellt einen Schritt des ›Auf dem Weg seins‹ der KBT dar, ein wertschätzendes und dankbares Besinnen auf die starken und verzweigten Wurzeln, ein Verknüpfen mit aktuellen Themen der wissenschaftlichen Forschung und ein Einblick in die gelebte KBT-Praxis.

Auch wenn Elsa Gindler es ganz bewusst abgelehnt hat, ihre Arbeit als Therapie zu bezeichnen, so war es ihr doch immer ein Anliegen, Veränderungen in der Selbstwahrnehmung und im körperlichen Verhalten bei ihren Schüler*innen anzustoßen.

> Sich so wach und gelassen verhalten können, dass man nicht bloß erlebt, sondern überprüfen kann, herausfinden, was und wodurch etwas nicht in Ordnung ist, und versuchen zu entdecken, was geschehen muss, damit etwas geordneter verläuft, kann eine Aufgabe werden, die für unser Leben ausreicht. (Ludwig, 2002, S. 138)

In diesem Sinne: Werden wir erfahrbereit!

Maria Stippler-Korp & Silvia Schüller Galambos
Innsbruck, im September 2022

Literatur

Ludwig, S. (2002). Elsa Gindler – von ihrem Leben und Wirken. Hamburg: Christians.

Stolze, H. (1984). Psychotherapeutische Aspekte einer Konzentrativen Bewegungstherapie 1958. In H. Stolze, Die Konzentrative Bewegungstherpie. Grundlagen und Erfahrungen (S. 16–27). Berlin: Mensch und Leben.

1 Herkunft und Entwicklung der Konzentrativen Bewegungstherapie

Silvia Schüller Galambos

Die gesamte Geschichte eines Psychotherapieverfahrens auf wenigen Seiten darzustellen, ist ein unmögliches Unterfangen. Deshalb kann an dieser Stelle nur der Versuch unternommen werden, die wichtigsten Kristallisationspunkte zu benennen und die spezifischen Besonderheiten in der Entwicklung der KBT herauszuarbeiten. Sich mit der eigenen Geschichte zu beschäftigen, ist ein wichtiger Teil jedes therapeutischen Prozesses, denn dadurch kann deutlich gemacht werden, woher man kommt und wie man geworden ist, wer man heute ist. Analog dazu ist das Zurückkehren zu den Ausgangspunkten einer Therapiemethode eine essenzielle Bewegungsrichtung, um aus der Kraft der Vergangenheit besser zu verstehen, was sich heute zeigt, und um fruchtbare Wege in die Zukunft zu entwickeln.

Im Gegensatz zu einigen anderen psychotherapeutischen Schulen, steht am Beginn der KBT nicht eine einzelne charismatische Gründungspersönlichkeit. Mehrere Personen und Gruppen haben im dialogischen Miteinandertun eine ganzheitliche Methode entwickelt, wie Menschen mit und ohne psychische Erkrankungen in Wachstums- und Heilungsprozessen begleitet werden können.

1.1 Die körpertherapeutischen Wurzeln

Von Elsa Gindler (1885–1961) gibt es nur einen einzigen gedruckten Artikel aus dem Jahr 1926, in dem sie ihre Arbeitsweise darlegt, und doch ist sie die inspirierende Persönlichkeit, die am Beginn vieler heute etablierter körper- und psychotherapeutischer Verfahren steht. Sie selbst lehnte es ausdrücklich ab, eine eigene *Schule* oder Richtung zu begründen, und sie wollte auch kein therapeutisches Verfahren entwickeln. Ihr Anliegen war es, eine Suchende und eine Forschende zu sein, die sich in Gemeinschaft mit anderen erfahrbereit dem Leben zuwendet. In Berlin richtete sie ein Atelier ein, das sie ihr *Laboratorium* nannte. Sie arbeitete dort, bis zu dessen Zerstörung im Zweiten Weltkrieg, vor allem in Gruppen. Gemeinsam mit Heinrich Jacoby bot sie auch immer wieder Intensivkurse über zwei und mehr Wochen an (von Arps-Aubert, 2012). Für ihre Art zu Arbeiten stellte Gindler klar: »Im Mittelpunkt unserer Arbeit steht nicht der menschliche Körper, sondern der Mensch. Der Mensch als Ganzes in all seinen Beziehungsmöglichkeiten zu sich, zu seinem Körper, zu seinem Leben und zu seiner Umwelt« (Ludwig, 2002, S. 125). Es waren vor allem Frauen, Schülerinnen von Gindler, die diese Art mit Menschen zu arbeiten, weiterentwickelten und in alle Welt trugen, so zum Beispiel Laura Perls, Charlotte Selver, Lily Ehrenfried, Ruth Cohn, Clare Fenichl, Gertrud Heller (Geuter, 2006).

1.2 Die tiefenpsychologischen Wurzeln

Die Psychoanalyse war nach der Ära der nationalsozialistischen Herrschaft auch in Europa wieder salonfähig geworden und erlebte einen beeindruckenden Aufschwung. Viele leitende Ärzt*innen in Psychiatrischen, Neurologischen oder Psychosomatischen Kliniken verfügten über eine Ausbildung oder zumindest Erfahrungen mit dieser Methode. Die Psychoanalyse war zu dieser Zeit schon lange keine einheitliche Lehre mehr, verschiedene Zugänge und Methoden hatten zur Bildung zahlreicher Schulen geführt, die ein sehr unterschiedliches Verständnis vom Menschen und den therapeutischen Interventionen hatten.

Ursula Kost, Ärztin, Psychoanalytikerin und KBT-Therapeutin der ersten Stunde meinte dazu:

[…] ich möchte […] anschließen, dass wir uns seit vielen Jahren nicht als analytisch fundiert, sondern als tiefenpsychologisch fundiert bezeichnen […] Denn das Menschenbild in der Analyse ist doch sehr anders als unser Menschenbild. Dort wird das Kranke im Menschen in den Mittelpunkt gestellt, während wir von den Stärken und noch unentdeckten Ressourcen des Menschen sprechen. (Achatz-Petz, 2008, S. 79)

Hans Becker, Psychiater und Psychoanalytiker, verband die Erfahrungen aus der KBT-Praxis mit einem tiefenpsychologischen Grundkonzept. Er bezog sich dabei vor allem auf die entwicklungspsychologischen Modelle von Erik Erikson und Margret Mahler, auf deren Grundlage er sowohl die Entstehung als auch die Behandlung von psychischen Erkrankungen beschrieb (Becker, 1981).

1.3 Übergänge und Verbindungen

Gertrud Heller (1892–1984) war eine Schülerin Gindlers, die in der nationalsozialistischen Zeit nach Schottland geflohen war. Am Crichton Royal Hospital for Nervous and Mental Disorders arbeitete sie mit Menschen mit schwerwiegenden psychischen Erkrankungen und fand Wege, wie sie die *Gindlerarbeit* gerade auch für diese Personengruppe adaptieren konnte. In Ermangelung einer besseren Bezeichnung bot sie sogenannte *Entspannungsklassen* an. Durch die Wahrnehmungs- und Spürarbeit konnte bei zahlreichen Patient*innen eine Verbesserung des Gesamtzustandes erreicht werden. Dazu schrieb sie:

Spontanität des Ausdrucks und der Bewegung ist gegeben, wenn inneres Wahrnehmen und nervale Reaktion wirklich gleichzeitig und zweckmäßig erfolgen; Seele und Körper sind dann eins, sind fähig die Bedeutung ihrer Erfahrung wahrzunehmen und abzuwägen. Diese unmittelbare Verbindung zwischen unserem Bewußtsein und unserer Sinneserfahrung gibt uns ein Gefühl von Sicherheit und körperlich-geistigem Wohlbefinden. (Heller, 1984, S. 244)

Somit war es Heller gelungen die wahrnehmende, spürende Erfahrungsarbeit in das Behandlungskonzept von Menschen mit psychischen Erkrankungen zu integrieren. Helmuth Stolze begegnete ihr 1953 zum ersten Mal und war fasziniert von ihrer Arbeit (Achatz-Petz, 2008), denn als junger Facharzt für Neurologie war er auf der Suche nach neuen Behandlungsmethoden. Bei Heller lernte Stolze in Selbsterfahrung die neue Behandlungsmethode kennen und führte sie als Gruppentherapie in der Psychiatrischen Klinik in München ein. Er sprach zunächst, in Ermangelung einer geeigneten Bezeichnung für die neue Arbeitsweise, vom »Hellern« (Achatz-Petz, 2008, S. 211).

1.4 Inspirierende Anfänge

Einen wichtigen Impuls setzte Helmuth Stolze im Jahr 1958 auf den Lindauer Psychotherapiewochen, als er die Konzentrative Bewegungstherapie als neues Körperpsychotherapeutisches Verfahren einem damals vor allem ärztlichen Publikum vorstellte. Mit Gertrud Heller, Christine Gräff, Lucie Lenz und Miriam Goldberg wurden in den folgenden Jahren Praxis- und Theorieseminare angeboten, die regen Zuspruch erfuhren. Diese erste Zeit war geprägt von Erfahrungen der eigenen Leiblichkeit, spannenden Gruppenprozessen und der ständigen Reflexion des Erlebten. Vor allem der Pionierarbeit von Christine Gräff ist es zu verdanken, dass sich die KBT als Gruppentherapie im klinischen Setting mit psychisch schwer erkrankten Menschen sehr bald etablieren konnte und eine weite Verbreitung erfuhr (Achatz-Petz, 2008).

1.5 Der Weg zur lehr- und lernbaren Psychotherapiemethode

Schon in seiner ersten offiziellen Präsentation der KBT setzte sich Helmuth Stolze dafür ein, dass die vorgestellte Arbeitsweise als vollwertige Psychotherapiemethode betrachtet werden müsse:

> Und gleichzeitig möchte ich damit nachdrücklich die Aufmerksamkeit auf eine Form der Therapie lenken, die auch der Arzt, der nicht Fachpsychotherapeut ist, erlernen und verwerten kann, und zwar nicht als ›Hilfsmethode‹ – das möchte ich noch einmal hervorheben –, sondern als ein vollgültiges und anderen Methoden gleichwertiges Verfahren einer modernen Psychotherapie. (Stolze, 1984, S. 26)

Einen weiteren Meilenstein in der Theoriebildung setzte Stolze mit der Einbeziehung und Weiterentwicklung des Gestaltkreises nach Viktor von Weizäcker zum Tetraeder des Begreifens (Stolze, o.J.).

Ein vollgültiges Psychotherapeutisches Verfahren zu sein, erforderte die unabdingbare Notwendigkeit, tragfähige Strukturen und einen institutionellen Rahmen dafür zu schaffen. So gründete Ursula Kost im Jahr 1977 den Deutschen Arbeitskreis für Konzentrative Bewegungstherapie (DAKBT) als Verein und war neun Jahre lang dessen Vorsitzende. Viele KBT-Therapeut*innen der Anfangszeit standen dieser Institutionalisierung durchaus kritisch gegenüber, denn sie fürchteten die Festlegung und Festschreibung, die im Widerspruch zur Experimentierfreudigkeit und Freiheit der ersten Jahre stand (Achatz-Petz, 2008). In der Folge entstanden Ausbildungsrichtlinien und -curricula, die dafür sorgten, dass die notwendige Einheitlichkeit sichergestellt war und auch die geforderten Qualitätsstandards eingehalten wurden.

In Österreich gründete eine Gruppe um Sylvia Cserny im Jahr 1980 den ÖAKBT und es gelang im Jahr 2001 die Anerkennung als eigenständige Psychotherapeutische Methode beim zuständigen Bundesministerium zu erreichen. Heute ist die fachspezifische Ausbildung zur*zum KBT-Therapeut*in ein universitärer Masterlehrgang an der Donau-Universität Krems.

Literatur

Achatz-Petz, G. (2008). Entstehung und Entwicklung der Konzentrativen Bewegungstherapie. 100 Jahre Psychotherapiegeschichte. Saarbrücken: VDM Verlag Dr. Müller.
Becker, H. (1981). *Konzentrative Bewegungstherapie*. Stuttgart: Georg Thieme.
Geuter, U. (2006). Geschichte der Körperpsychotherapie. In G. Marlock & H. Weiss (Hrsg.), *Handbuch der Körperpsychotherapie*. (S. 17–32). Stuttgart: Schattauer.
Heller, G. (1984). Über meine Arbeit am Chrichton Royal Hospital. In H. Stolze (Hrsg.), *Die Konzentrative Bewegungstherapie. Grundlagen und Erfahrungen* (S. 243–247). Berlin: Mensch und Leben.
Ludwig, S. (2002). Elsa Gindler – von ihrem Leben und Wirken. Wahrnehmen, was wir empfinden. Hamburg: Hans Christians.
Stolze, H. (1984). Psychotherapeutische Aspekte einer Konzentrativen Bewegungstherapie. In H. Stolze (Hrsg.), *Die Konzentrative Bewegungstherapie. Grundlagen und Erfahrungen* (S. 16–27). Berlin: Mensch und Leben.
Stolze, H. (o. J.). Der Tetraeder des Begreifens. In B. Purschke-Heinz, & R. Schwarze (Hrsg.), *KBT auf dem Weg. Gedenkschrift für Helmuth Stolze, den Begründer der Konzentrativen Bewegungstherapie* (S. 81–119). Telgte: DAKBT e.V.
von Arps-Aubert, E. (2012). Das Arbeitskonzept von Elsa Gindler (1885–1961) dargestellt im Rahmen der Gymnastik der Reformpädagogik. Hamburg: Verlag Dr. Kovac.

2 Wissenschaftliche und therapietheoretische Grundlagen

Silvia Schüller Galambos

Um als psychotherapeutische Methode anerkannt zu werden, muss eine wissenschaftliche Fundierung nachgewiesen werden, die dem jeweiligen Stand der Forschung entspricht. Die KBT geht davon aus, dass körperliche und geistige Prozesse eines Menschen nicht voneinander getrennt werden können, sondern einander bedingen und hervorbringen. Daraus ergibt sich eine psychotherapeutische Methode, die versucht, den Menschen in seiner Ganzheitlichkeit zu verstehen, und zwar in den Dimensionen seiner Leiblichkeit, seines Gewordenseins, seines intentionalen Handelns und seiner Bezogenheit auf andere Menschen und zur Welt (Cserny & Paluselli, 2006). Das beinhaltet, dass es keinen strikten Therapieablauf und keine Manuale gibt, die abgearbeitet werden. Dafür gibt es klare therapietheoretische Konzepte, die der Vorgehensweise zu Grunde liegen und strukturiertes und planvolles Handeln ermöglichen. Die KBT orientiert sich an der Individualität und Einzigartigkeit des hilfesuchenden Menschen, denn nur die jeweilige Person selbst kann in sich die Heilkraft finden, die Genesung ermöglicht. KBT-Therapeut*innen sind kundige Wegbegleiter*innen, die Veränderungsprozesse anstoßen und anregen.

In diesem Kapitel werden die wichtigsten Theorien zur KBT aus Philosophie und Neurowissenschaften zur Sprache kommen und es wird gezeigt, wie sie in der Praxis des therapeutischen Tuns Eingang finden.

2 Wissenschaftliche und therapietheoretische Grundlagen

2.1 Vor allem anderen: Ethik

Wenn Menschen mit einer Psychotherapie beginnen, so tun sie das, weil sie sich in einem Leidenszustand erleben und sich Heilung oder zumindest eine Verbesserung ihres Zustandes erhoffen. Sie befinden sich in einer vulnerablen Lebenssituation und allein auf Grund dieser Voraussetzungen ist es von großer Wichtigkeit, dass sich Psychotherapeut*innen ihrer ethischen Verantwortung bewusst sind, die sie für ihre Patient*innen und den Therapieprozess übernehmen. Die Behandlungssituation erzeugt ein Ungleichgewicht in der Beziehung, ein Machtgefälle zwischen behandelnder und behandelter Person. Diese Besonderheit der Beziehung muss den Therapeut*innen immer bewusst sein und laufend in der Supervision thematisiert werden. Im Allgemeinen müssen vier *medizinethische Grundregeln* Beachtung finden (Beauchamp & Childress, 2019):

- Jedes Handeln ist zum Wohl der Patient*innen.
- Es darf kein Schaden zugefügt werden.
- Die Autonomie der Patient*innen muss geachtet werden.
- Für Gerechtigkeit und Lastenausgleich ist zu sorgen.

Um diesem Anspruch gerecht zu werden, ist es notwendig, sich laufend mit den theoretischen und wissenschaftlichen Grundlagen der eigenen Methode auseinanderzusetzen. Die KBT erfordert darüber hinaus, dass sich die Therapeut*innen selbst immer wieder auf den eigenen Erfahrungs- und Entwicklungsprozess einlassen, um einerseits eigenen Fragen und Lebensthemen genügend Raum zu geben und um andererseits ein immer tieferes Verständnis des eigenen therapeutischen Tuns zu entwickeln.

2.2 Begriffsklärung

Wann immer Menschen zum ersten Mal der KBT begegnen, ist es notwendig das Wort *konzentrativ* zu erklären. Helmuth Stolze benutzte ein Wort, das Herbert Binswanger in einer Studie zu den *autogenen Organübungen* geprägt und das in der Folge Johannes H. Schultz im Untertitel des Autogenen Trainings verwendet hatte. Konzentrativ meint nicht *konzentriert* im Sinne einer Einengung der Wahrnehmung oder völliger Entspannung, sondern einen Zustand erhöhter Wachheit und Erfahrbereitschaft, der den ganzen Menschen erfasst. In dieser offenen Haltung kann man sich selbst wahrnehmend in der Bewegung ganzheitlich und gegenwärtig erfahren. *Bewegung*, in ihren vielfältigsten Formen, war immer der zentrale Ausgangspunkt der KBT und meint ursprünglich neben dem *Sich-Bewegen* (motorische Funktionen) auch das innerliche *Bewegt-sein* und das *Auf-dem-Weg-Sein* der Patient*innen (Stolze, 1984).

2.2.1 Leiblich

Das Leib-Seele-Problem zieht sich seit Beginn durch die Philosophiegeschichte. Vereinfacht kann gesagt werden, dass es zwei mögliche Positionen dazu gibt: den *Dualismus*, bei dem man davon ausgeht, dass es zwei unterschiedliche Substanzen gibt, eine materielle und eine geistige (René Descartes, Karl Popper, John Eccles ...), und den *Monismus*, bei dem man davon ausgeht, dass sich alles auf ein einziges Prinzip zurückführen lässt, welches körperliche und geistige Vorgänge hervorbringt (Parmenides, Baruch de Spinoza, Maurice Merleau-Ponty ...). Schon in der frühen KBT-Literatur findet man die klare Grundannahme, dass körperliche und seelische Prozesse einander durchwirken und nicht voneinander getrennt werden können (Stolze, 1984).

Auch wenn bis heute in Fachkreisen heftige Kontroversen um das Leib-Seele-Problem geführt werden, unterstützen neurowissenschaftliche Erkenntnisse die Seite des Monismus. Unberührt von diesen akademischen Diskussionen, ist das alltägliche Selbsterleben des Menschen ein grundlegend anderes. Gerhard Roth (2003) meint, es sei gerade unser Gehirn, das in seiner Funktionsweise dafür sorgt, dass wir die Welt meist dreigeteilt erleben, nämlich als *Körper-Geist-Welt-Triade*. Diese drei würden sich als Wahrnehmungsfelder erweisen, die sich im alltäglichen Erleben deutlich voneinander abgrenzen und zeigen würden, wie das Gehirn Wahrnehmungen strukturiert, zusammenfügt und ins Bewusstsein hebt.

2.2.2 Körper-haben

Der alltägliche Zugang zu unserem Körper ist der des Habens. Wir haben einen Körper, der uns Verschiedenstes abverlangt oder ermöglicht. Er verlangt etwa danach gepflegt und ernährt zu werden. Er ermöglicht uns Bewegung und die Kontaktaufnahme mit anderen. Wir können den Körper in gewisser Weise gestalten (z. B. Bodybuilding, Training, Diät ...) oder durch invasive Eingriffe verändern (z. B. Schönheits-OPs, Tattoos, Piercings ...). Der Körper selbst wird zum Objekt, das gezeigt oder versteckt, das vergöttert oder abgelehnt wird und den Modeströmungen unterworfen ist. In diesem Modus scheint jeder Mensch über diesen Körper, wie über ein beliebiges anderes Objekt der Welt, zu verfügen und kann dazu ein innerliches Distanzgefühl aufbauen.

2.2.3 Leib-sein

Die wichtigste philosophische Grundlage der KBT ist die *Phänomenologie*, wie sie sich in Deutschland und Frankreich seit mehr als 100 Jahren entwickelt hat. Sie entfaltet ein Denken vom Leib als die Gesamtheit körperlicher und seelischer Prozesse eines Menschen, welche eine grundlegende Orientierung im therapeutischen Tun bieten kann. Eine zentrale Rolle in diesem philosophischen Diskurs spielt der französische Philosoph *Maurice Merleau-Ponty* (1908–1961), der in seinem Hauptwerk »Phénoménologie de la Perception« (Merleau-Ponty, 1974) das Phänomen der Wahrnehmung in den Mittelpunkt seiner Betrachtungen stellt. Er versucht dabei, sich aus dem vorherrschenden dualistischen Sprachgebrauch von Körper und Geist zu lösen und führt dazu den Begriff der *Ambiguität (Mehrdeutigkeit) des Leibes (»le corps propre«)* ein. Der Leib ist weder Geist noch Seele, sondern die Gesamtheit der subjektiven Existenz eines Men-

schen. Materielle und geistige Elemente bringen einander hervor, durchwirken einander und sind in ihrer Rückbezüglichkeit aufeinander angewiesen.
Zahlreiche Neurowissenschaftler*innen stimmt aktuell dieser Sicht auf den Menschen zu. So schreibt etwa *Antonio Damasio:*:

> Aus Sicht der oben dargelegten Hypothese beruhen Liebe, Hass und Schmerz, Eigenschaften wie Freundlichkeit und Grausamkeit, die planvolle Lösung eines wissenschaftlichen Problems oder die Entwicklung eines neuen Gebrauchsgegenstands alle auf neuronalen Ereignissen im Gehirn, vorausgesetzt das Gehirn steht in Wechselbeziehung zum Körper. (Damasio, 2007, S. 19)

Damit lässt sich sagen, dass alle geistigen Fähigkeiten des menschlichen Organismus durch den Prozess einer vielfältigen elektrochemischen Kommunikation zwischen Zellen im chemischen Milieu (Botenstoffe, Hormone ...) des gesamten Organismus hervorgebracht werden. Roth (2003) beschreibt, dass sich das mit Hilfe von EEG und fNMR deutlich zeigen lässt und dass es sogar möglich sei, Vorhersagen über das Verhalten einer Versuchsperson, ca. eine Sekunde vorher, zutreffend machen zu können. Messbare körperliche Zustände und ihre Veränderungen verraten im Vorhinein, wie sich ein Mensch entscheiden wird. Auch wenn noch viele Fragen offen sind und erst ein ganz kleiner Teil der neurobiologischen Fragestellung geklärt werden konnte, diese ersten Befunde stützen die These von der Leiblichkeit des Menschen. So wird die der KBT zu Grunde liegende Hypothese »Der Körper ist der Ort des psychischen Geschehens« (Cserny & Paluselli, 2006), durch die Erkenntnisse der Neurowissenschaften offensichtlich bestätigt.

2.2.4 Permanenz des Leibes

Merleau-Ponty (1974) stellt fest, dass es in der phänomenologischen Analyse, eine Besonderheit gibt, die leibliches Sein kennzeichnet. Als Menschen sind wir uns als Leib gegeben und können uns nicht davon distanzieren, denn es ist die Art und Weise, wie wir mit der Welt in Kommunikation sind und ihr begegnen. Was immer wir über diesen Leib sagen, wie immer wir diesen Leib erfahren, fühlen und erleben, wie immer wir uns bewegen, wie immer wir handeln, selbst wie wir die Welt und ihre

Gegenstände erleben und darüber sprechen ... alles hat den gleichen Ursprung – unseren eigenen Leib. Und so ist der Gegenstand des Denkens zugleich sein Grund und unauflöslich an seine *Subjektivität* gebunden.

> Seine Ständigkeit ist keine solche der Welt, sondern Ständigkeit ›meinerseits‹. Daß er stets bei mir und ständig für mich da ist, besagt in eins, daß ich niemals ihn eigentlich vor mir habe, daß er sich nicht von meinem Blick entfalten kann, vielmehr immer am Rand meiner Wahrnehmung bleibt und dergestalt mit mir ist. (Merleau-Ponty, 1974, S. 115)

Damit beschreibt Merleau-Ponty eine verblüffende Feststellung: zwar ist mir mein Leib in seiner *unauflöslichen Ständigkeit* gegeben, gleichzeitig entzieht er sich mir dadurch, denn er ist mir nur in einer bestimmten Perspektive, meiner eigenen, gegeben. »Er entzieht sich vielmehr jeder Durchforschung und stellt sich mir stets unter dem selben ›Blickwinkel‹ dar.« (ebd., S. 115). Damasio (2021) identifiziert diese Erfahrung der Perspektivität und der Ständigkeit als neurobiologische Grundvoraussetzung dafür, dass ein *Selbst* entstehen kann.

In der KBT wird die bewusste Erfahrung und das Erleben der Ständigkeit durch das konzentrative Spüren und Bewegen vergegenwärtigt und aus den Rändern der Alltagswahrnehmung in den Mittelpunkt der Aufmerksamkeit gerückt. Auf diese Weise kann die eigene Leiblichkeit aus der eigenen Perspektive kennengelernt, entdeckt und erforscht werden. Die Permanenz des Leibes wird dabei als wichtige Ressource erfahrbar und verfügbar gemacht. Dabei muss beachtet werden, dass manchmal von Patient*innen (zum Beispiel auf Grund traumatischer Erfahrungen) genau diese Ständigkeit als bedrückend und belastend erlebt wird.

2.2.5 Die Rückbezüglichkeit des Leibes

Ein weiteres Merkmal des Leibes ist seine *Reflexivität bis in die Sinnlichkeit hinein*. Sie ist die Grundlage aller Wahrnehmung und im Sinn von *ich sehe mich* wahrnehmend Wahrgenommenes. Hier führt Merleau-Ponty den Gedanken Edmund Husserls »sich selbst als berührend zu berühren« aus den »Cartesianischen Reflexionen« weiter und merkt an: »Berühre ich meine rechte Hand mit der linken, so hat der Gegenstand rechte Hand die Eigentümlichkeit, auch seinerseits die Berührung zu empfinden.« (Merleau-Ponty, 1974, S. 118). Er führt weiter aus, dass es in der Folge möglich ist, zwischen berührter Hand und berührender Hand mit der Aufmerksamkeit hin und her zu pendeln und einmal das eine und dann wieder das andere in den Vordergrund treten zu lassen.

> Ein kleines Angebot an die Leser*innen: Nehmen Sie sich Zeit, diesen Vorgang auszuprobieren und leiblich zu spüren.

Aus neurobiologischer Sicht formuliert Damasio diesen Prozess wie folgt:

> Während Körperveränderungen stattfinden, erfahren Sie von ihrer Existenz und können ihre ständige Entwicklung verfolgen. Sie nehmen Veränderungen Ihres Körperzustands wahr und können ihre Entfaltung sekunden- oder minutenlang beobachten. Dieser Prozess ständiger Zeugenschaft, die Erfahrung dessen, was Ihr Körper macht, während Ihnen Gedanken über bestimmte Inhalte durch den Kopf gehen, ist der Kern dessen, was ich eine Empfindung nenne. (Damasio, 2007, S. 200)

Damit wird grundgelegt, warum man sich in der KBT-Stunde nicht einfach nur auf das Sprechen über verschiedene körperliche oder seelische Zustände beschränken kann. Denn leibliche Reflexivität ernst nehmen, heißt im Sinne von Elsa Gindler, »den eigenen Organismus als großes Erfahrungsorgan entdecken und lernen, seine Sprache zu verstehen« (Ludwig, 2002, S. 137). Um die Sprache des Körpers verstehen zu können, brauchen wir die Interozeption – die Wahrnehmung unseres Körperinneren, der Tätigkeit unserer Organe (Herz, Darm, Lunge ...) – und die Propriozeption – Wahrnehmung des Bewegungsapparates (die Stellung der Gelenke, Muskelspannung ...). Durch *körperliche Phänomene*, die wir an und in uns beobachten können, entwickeln wir ein tieferes Verständnis der eigenen Existenz. Der Organismus gibt Rückmeldung über innere Zustände und über Gefühle, denn wie Damasio und andere in ihren Forschungen gezeigt haben, ist jedes Gefühl zunächst ein körperliches, das erst in einem nächsten Schritt ins Bewusstsein tritt. Der Körper reagiert schneller auf einen äußeren Reiz, als es unser Denken vermag (Damasio, 2000).

Die bewusste Hinwendung, das *Verstehen lernen der Sprache unseres Körpers*, ist Teil des therapeutischen Prozesses in der KBT und führt zu einer größeren Klarheit und einem leiblichen Orientierungswissen tiefer Art. Körper und Geist werden in ihrer unauflöslichen Verflochtenheit deutlich und ermöglichen einen ganz neuen Zugang und Umgang mit sich selbst und der Welt. Christine Gräff (1984) beschreibt den Weg, den die KBT dabei geht, in mehreren Schritten. Wenn man sich selbst in einer erfahrungsbereiten Offenheit zuwendet, so kann man lernen die Stimmen des Körpers wahrzunehmen. Wenn man die Sprache des Körpers verstehen kann, unterstützt das dabei, einen guten Umgang mit sich selbst zu erlernen. Anteile, die zunächst fremd sind, werden integriert und fügen sich in ein sinnvolles Ganzes. Auf diese Art und Weise wird aus dem Körper ein beheimateter Leib.

2.3 Bewegen

Um Bewegung zu beschreiben, braucht es zunächst keine Erklärung, denn jede Person hat eine Vorstellung davon, was Bewegung ist und wie sie sich anfühlt. In der Antike betrachteten Platon und Aristoteles das *sich Bewegende* als das Kennzeichen alles Lebendigen. Auf physikalischer Ebene ist Bewegung schnell, durch Gegenstand und einwirkende Kraft, erklärt. Eric Kandel (2009) hat auf neuronaler Ebene nachgewiesen, wie Bewegung entsteht: durch bioelektrische Prozesse und die daraus folgenden Muskelkontraktionen.

Die Phänomenologie und die Neurowissenschaften entlassen uns nicht so einfach aus diesem Thema. Merleau-Ponty beschäftigte sich ausführlich mit Bewegung und wie sie zu denken sei und entwickelte die Theorie des *intentionalen Bogens*. In der eigenleiblichen Bewegung sind *Motorik, Sensorik und Denken* unauflöslich in einem rückbezüglichen Kreislauf ineinander verwoben. Für ihn ist also leibliche Bewegung in eins, Bewegung und Bewusstsein der Bewegung. Bernhard Waldenfels beschreibt das so:

> Denkvorgänge und Bewegungsabläufe sind einander zugeordnet nicht im Sinne einer Schichtung, sondern im Sinne eines Kreislaufs, sofern die Vorstellung dessen, was ich erfahre in die Bewegung selbst mit eingeht. Die Vorstellung dessen, was ich erfahre, ist immer auch schon durch die Bewegung mitbestimmt.

Vorstellung und Bewegung, Merken und Wirken greifen in dem schon erwähnten Kreismodell ineinander. (Waldenfels, 2000, S. 145)

Bei Viktor von Weizäcker findet man eine ähnliche Darstellung in seinem *Gestaltkreis von Wahrnehmen und Bewegen* (von Weizäcker, 1986). Stolze entwickelte auf dieser Grundlage den *Tetraeder des Begreifens* (Stolze, o. J.), der dem Wahrnehmen und Bewegen auch noch das Denken und Sprechen zuordnet. Diese vier miteinander in engem Austausch und enger Verbindung stehenden Verhaltensweisen bilden die Leitprozesse in der Konzentrativen Bewegungstherapie.

Auf neurologisch medizinischer Ebene schließlich zeigt sich, dass diese Vorstellungen mit den wissenschaftlichen Befunden übereinstimmen. Roth (2003) betrachtet das Gehirn insgesamt als *motorisches System*, denn schließlich würden alle Abläufe daraufhin abzielen, eine Bewegung bzw. eine Handlung in Gang zu setzen. So verstanden umfasst das motorische System eine große Zahl an Hirnzentren. Die Vorstellung, dass es getrennte Hirnstrukturen für die Gebiete Sensorik, zentrale Verarbeitung und Motorik geben würde, entspricht nicht mehr dem Stand der Forschung. Bereits auf der zellulären Ebene der Neuronen und Neuronenverbänden wird deutlich, dass die Wahrnehmung von handlungsrelevanten Objekten, die Planung von Bewegungen und deren Ausführung ineinander übergehen. Für Roth ist aber Bewegung nicht gleich Bewegung.

Vielmehr unterscheidet man folgende Typen von motorischen Aktionen und Reaktionen: (1) reine mono- oder disynaptische Reflexe; (2) rhythmische, hochgradig stereotype Bewegungen wie Atmen, Laufen, Kauen und Schlucken; (3) reflexartige Leistungen der Stützmotorik; (4) automatisierte Hinwende-, Schreck- und Abwehrreaktionen; (5) automatisierte Handlungsabläufe wie Radfahren, sich die Schuhe zubinden, eine Tastatur bedienen; und (6) Planhandlungen im eigentlichen Sinne. (Roth, 2003, S. 443)

Er unterscheidet damit Bewegungen, die ohne das bewusste Zutun ablaufen von solchen, die bewusst geplant und durchgeführt werden. Interessant für unsere Fragestellungen ist die Tatsache, dass auch die automatisierten Handlungen bis zu einem gewissen Grad beeinflussbar und veränderbar sind.

In der KBT wird systematisch zur Wahrnehmung des Bewegungsgeschehens des eigenen Leibes angeregt. Dadurch wird die Möglichkeit eröffnet, einen Teil der willkürlich ablaufenden Bewegungen ins Bewusstsein zu heben. Zum Beispiel kann die Beschäftigung mit der eigenen Atembewegung zur Erfahrung der Zuverlässigkeit körperlicher Abläufe führen, denn im Alltag braucht es dafür kein Bewusstsein und keine Entscheidung – der Körper atmet und sorgt für sich. »Dazu wird angeregt, eine Einengung auf das leibhafte Erfahren der gegenwärtigen Situation vorzunehmen, die Aufmerksamkeit auf sensorische und motorische Vorgänge zu richten und die damit verbundenen Gefühle, Bilder und Worte wahrzunehmen« (Schmidt, 2006, S. 80).

2.4 Wahrnehmen

Für Merleau-Ponty war klar, wenn man wirklich erfassen will, was die Wahrnehmung ist und wie sie funktioniert, dann muss man sich der Erforschung des leiblichen (Selbst-)Erfahrens zuwenden. »Wahrnehmen bedeutet, sich etwas mit Hilfe des Leibes zu vergegenwärtigen« (Merleau-Ponty, 2021, S. 83). Er zeigt damit, dass die Wahrnehmung nicht eine originalgetreue Abbildung des Außen im Inneren des Menschen sein kann, sondern immer einen *Akt der Kreation*, der Schöpfung beinhaltet.

Die Neurobiologie formuliert die Sachlage anders, kommt jedoch zum gleichen Schluss: »Die Sinnesysteme sind Hypothesenerzeuger. Wir begegnen der Welt weder direkt noch exakt […]« (Kandel, 2009, S. 309), denn das Sehen zum Beispiel funktioniert nicht wie die Aufnahme mit einer Kamera. Augen, Ohren, Tastsinn liefern Reize an das Gehirn und diese dienen dem Aufbau von neuronalen Karten, welche die verschiedenen Sinnesmodalitäten widerspiegeln. *Karten* sind Aktivierungsmuster, die gemeinsam aktiv werden, wenn sie die passenden Reize erhalten. Die Wahrnehmung ist jener Prozess, der Gegenstände und Tätigkeiten durch Sehen, Hören, Berührung, Riechen und Schmecken in innere *Bilder* verwandelt.

2.4 Wahrnehmen

> Diese, so scheint es zumindest, beherrschen unsere mentalen Zustände. Aber zu einem großen Teil entstammen die Bilder in unserem Geist nicht dem Gehirn, das seine Umwelt wahrnimmt, sondern einem Gehirn, das mit der Welt innerhalb unseres Körpers gemeinsame Sache macht und sich mit ihr vermischt. (Damasio, 2021, S. 52)

So setzt sich Wahrnehmung aus Reizen zusammen, die aus der Außenwelt kommen, Erinnerungen, die bereits als neuronale Karten durch frühere Erfahrungen im Inneren entstanden sind, und dem, was wir Gefühle nennen. Sie erzeugt einen Strom von Bildern (Reizmustern), welcher das Fließen des Geistes ausmacht.

Die Philosophin Suzanne Langer (1895–1985) nennt das, was Damasio als Bilder bezeichnet, *Symbole*. Unter Wahrnehmung versteht sie einen unentwegten Symbolbildungsprozess im Inneren des Menschen.

> Die Bildung von Symbolen ist eine ebenso ursprüngliche Tätigkeit des Menschen wie Essen, Schauen oder Sich bewegen. Sie ist der fundamentale, niemals stillstehende Prozeß des Geistes. Zuweilen sind wir seiner gewahr, zuweilen sehen wir nur die Resultate und merken dann, daß Erfahrungen unser Gehirn durchlaufen haben und dort verarbeitet worden sind. (Langer, 1987, S. 49)

So betrachtet ist jede Wahrnehmung ein kreativer schöpferischer Akt, in dem der Mensch äußere und innere Welt miteinander verbindet. Laut Langer entsteht dadurch ein gewaltiger Vorrat an symbolischem Material, der grundsätzlich zur Verfügung steht und die Grundlage menschlicher Entwicklung und Kreativität darstellt. Somit ist die Wahrnehmung nicht eine kognitive Leistung, sondern eine Selbsttätigkeit gespürten Lebens, die sich im gesamten Organismus vollzieht. Symbolbildungsprozesse sind die Grundlage dafür, dass der Mensch die Sprache entwickeln konnte. Langer nennt sie den Ausdruck einer diskursiven Symbolbildung im Gegensatz zur präsentativen Symbolisierung wie sie etwa die gestaltende Kunst hervorbringt (ebd.).

Wahrnehmungen im Hier und Jetzt werden eingewoben in ein System von lebendigen Symbolen, die beides beinhalten: die Erfahrungen der Vergangenheit und die Erwartungen von der Zukunft. Die Möglichkeit, dieses System zu ordnen, mit Bedeutung zu versehen und es dann auch wieder zum Ausdruck zu bringen, gehört zu den Bausteinen eines Prozesses, der *Selbst* genannt wird. Wahrnehmend und bewegend vollzieht sich ständig die Kreation unseres Selbst und bewirkt Speicherungsprozesse,

die wiederum zurückwirken auf die Prozesse des Denkens und Sprechens (Stolze, o.J.).
Störungen in der Symbolisierungstätigkeit lassen starre, schwer veränderbare Muster entstehen. Alfred Lorenzer beschreibt, dass das dazu führt, dass der Mensch ein Klischee oder Stereotyp ausbildet und keinen authentisch lebendigen Ausdruck mehr findet. »An diesem Moment der Entwicklung endet auch jede flexible Anpassungsfähigkeit und Veränderlichkeit, um statt dessen einer unwandelbaren Starre Platz zu machen« (Lorenzer, 1970, S. 99). Das stereotype Verhalten oder szenische Muster läuft nach einem Auslösereiz immer in gleicher, unveränderter Weise ab.

2.5 Erinnern

Das Langzeitgedächtnis ist die Voraussetzung für jede Art von Lernprozess und nicht nur für die Entstehung des autobiografischen Gedächtnisses. Kandels (2009) Erkenntnisse zeigen, dass sich Synapsen vor allem durch wiederholte Erfahrung verändern, einerseits in Richtung Abschwächung (Habituierung, neuronale Verbindungen werden zurückgebildet) oder andererseits in Richtung Verstärkung (Sensibilisierung, stärkere Reize, Ausbildung von neuen Verschaltungen). Kandel hat damit die grundlegende These von der Neuroplastizität des Gehirns entscheidend mitentwickelt. Dass sich die neuronalen Verknüpfungen verändern können, ist zum einen eine gute Nachricht, denn somit ist lebenslanges Lernen möglich. Zum anderen bedeutet dies aber auch, dass sich so unerwünschte Verhaltens- und Reaktionsmuster fest verankern können.

In der KBT geht man davon aus, dass die bewusste Wahrnehmung seiner selbst im Hier und Jetzt, den Teil, den die Erinnerung dazu beiträgt, leicht abschwächt und eine teilweise Entkoppelung von Vorerfahrungen möglich wird (Cserny & Paluselli, 2006). Das eröffnet die Möglichkeit, das Gedächtnis mit neuen und emotional positiv besetzten Inhalten zu versorgen und zur Speicherung anzuregen. Durch Neuerfahrungen werden alte und dysfunktionale Muster überschrieben und im Sinne der Habituierung und

Sensibilisierung neue Muster verankert. Diese Umbildungsprozesse erfordern Wiederholung und Zeit, um sich zu festigen und stabil und handlungsleitend werden zu können.

2.6 Fühlen

Lange Zeit wurden *Vernunft und Gefühl* als entgegengesetzte Entitäten betrachtet, die man wohlweislich voneinander zu trennen hatte. Mittlerweile zeigt sich, dass diese klare Aufspaltung nicht aufrecht zu erhalten ist. Verschiedene Rückkoppelungsprozesse im Körper bewirken das Entstehen von Empfindungen und Gefühlen. Diese stellen die Grundvoraussetzung für rationales Handeln und die Entstehung von Werthaltungen dar, was wiederum eine Rückwirkung auf Nerven und Botenstoffe und eine Vielzahl an körperlichen Reaktionen hat (Damasio, 2007). Auf dieser Grundlage entwickelte Damasio die Hypothese, dass der Mensch nur mit Hilfe von Gefühlen und Emotionen in der Lage ist, einen relativ konstanten ICH-Prozess zu generieren.

> Erwartungsgemäß leisten Gefühle einen wichtigen Beitrag zur Schaffung eines ›Selbst‹, eines mentalen Prozesses, der durch den Zustand des Organismus beseelt wird; er ist im Gerüst des Körpers (dem Gerüst, das durch Muskel- und Skelettstrukturen gebildet wird) verankert und erhält seine Orientierung durch die Perspektive, die Sinneskanäle wie Sehen und Hören zur Verfügung stellen. (Damasio, 2021, S. 36)

Er benennt damit einen für die KBT interessanten Aspekt: Für die Entstehung und Entwicklung des Selbst ist ein fester Bezugspunkt notwendig – das Skelett und die Muskelstruktur eines Körpers, die beständigsten Teile eines menschlichen Körpers. In der KBT wird durch die Arbeit an den festen Strukturen des Körpers auch die Selbststrukturen einer Person gefestigt.

Die *Theorie der somatischen Marker* entwickelte Damasio aus der Beobachtung wie Menschen Entscheidungen treffen.

> Bevor Sie die Prämissen einer Kosten-Nutzen-Analyse unterziehen und bevor Sie logische Überlegungen zur Lösung des Problems anstellen, geschieht etwas sehr Wichtiges: Wenn das unerwünschte Ergebnis, das mit einer Reaktionsmöglichkeit verknüpft ist, in Ihrer Vorstellung auftaucht, haben Sie, und wenn auch nur ganz kurz, eine unangenehme Empfindung im Bauch. (Damasio, 2007, S. 237)

Es handelt sich dabei um innere Bilder bzw. Szenarien, die durch Erfahrungs- und Lernprozesse mit einem ganz bestimmten körperlichen Gefühl verbunden worden sind. Das kann z. B. ein Kribbeln in der Hand, ein Zucken in der Wange, Wärme, Enge oder Weitegefühl sein. Diese haben eine eindeutig positive oder negative Konnotation und sind somit ein Start- oder ein Warnzeichen. In ihnen sind die Erfahrungen der Vergangenheit gespeichert und sagen in diesem Moment die erwartete Zukunft voraus – Vergangenheit und Zukunft aktualisieren (verkörpern) sich im Jetzt. Somatische Marker entstehen zum großen Teil schon in der frühen Kindheit, doch ist davon auszugehen, dass die Neubildung ein lebenslanger Prozess ist. Sie sind dafür verantwortlich, warum jemand in einer bestimmten Situation tendenziell immer auf die gleiche Art und Weise reagiert. Im aufmerksamen Wahrnehmen können sie bewusst gemacht werden.

> Noch ein kleiner Moment der Selbstbeobachtung: Denken Sie mit einem gewissen zeitlichen Abstand an diese drei Dinge und beobachten dabei, was in Ihrem Körper vorgeht: schmutziges Geschirr – Sonnenblumen – Laufen. Das, was Sie als Körperreaktion beobachten können, sind somatische Marker. Sie funktionieren auch in einer als-ob-Schleife, also auch, wenn man sich Dinge nur vorstellt.

2.7 Verbunden

Die beiden grundlegendsten Erfahrungen, die ein Mensch macht, wenn er in diese Welt kommt, sind zu wachsen und mit einem anderen Menschen *untrennbar in Verbindung* zu sein. Wachstum und Leben ist nur durch diese Verbundenheit möglich und das weit über den Zeitpunkt der Geburt hinaus. Im Kontakt und Austausch mit anderen entwickelt ein Kind immer stabilere Vorstellungen davon, wer es selbst ist. »Der affektive Austausch zwischen dem kleinen Kind und seiner Mutter, wird für das Kind zu einer einzigartigen Quelle von Informationen über seine inneren Zustände« (Fonagy, 2008, S. 44). Diese ersten Beziehungserfahrungen verdichten sich zu Verhaltens- und Bindungsmustern, die wiederum späteres Erleben nachhaltig prägen und beeinflussen. Daniel Stern et al. (2012) sprechen hier von den sogenannten RIGs (Representations of interactions which are generalised), die sehr früh in der Entwicklung entstehen und in späteren Begegnungen immer wieder aktualisiert werden.

Die Forschungsgruppe um Stern (*The Boston Change Process Study Group*) entdeckte die enorme Bedeutung der Synchronisationschoreografie zwischen Mutter und Kind: Mikroskopisch kleine Augenblicke der Begegnung und Nichtbegegnung, die es dem Kind ermöglichen, Selbstregulationsprozesse und damit das Selbst zu entwickeln. Das Kind erlernt Selbstregulation dadurch, dass es zum reiferen und besser regulierten Nervensystem eines anderen Menschen in Beziehung tritt. Die Entwicklung des Kindes wird dadurch vorangebracht, dass neue Erfahrungen die bereits bestehenden Muster überschreiben und sich ständig verändern und weiterentwickeln (Bentzen & Hart, 2016).

In der KBT stellen sich die *Therapeut*innen als Gegenüber* zur Verfügung und im Beziehungsgeschehen aktualisieren sich die erlernten, manchmal dysfunktionalen, Muster. Vergegenwärtigt werden sie bearbeitbar und können gleichzeitig durch neue Erfahrungen überformt werden. Dialogische Angebote eignen sich dafür besonders gut, zum Beispiel das gemeinsame Spiel mit einem Ball. Dabei ist es wichtig, auf diese Mikromomente zu achten, in denen es Übereinstimmung gibt, wo beide im Hier und Jetzt gegenwärtig und aufeinander eingestimmt sind. Momente, die dann wieder abgelöst werden durch Nichtübereinstimmung, zum Beispiel durch einen Fehlwurf, und den darauffolgenden Prozess, um diese Missstimmung wieder zu beheben. Durch bewusstes Wahrnehmen dessen, was da zwischen uns passiert und zum Ausdruck gebracht wird, kann vielleicht einer jener Gegenwartsmomente (now moments) entstehen, von denen Stern spricht. »In diesem Sinn entsprechen ›now moments‹ dem antiken griechischen Begriff des Kairos, des einmaligen, günstigen Augenblicks, den der Mensch festhalten muß, weil sich in diesem Moment – jetzt – sein weiteres Schicksal entscheidet« (Stern et al., 2012). Es sind die Momente wirklicher Begegnung, die verändern, in denen dysfunktionale Muster durch bewusstes Wahrnehmen und neue korrigierende Erfahrungen verändert werden können. Eine solche Veränderung findet in diesem heilsamen *Spielraum* zwischen zwei Menschen statt, denen es gelingt, sich aufeinander einzulassen.

2.8 Entwickeln

Jean Piagets großer Verdienst ist es, die Grundlage der Intelligenzentwicklung beim Menschen erforscht zu haben. Er fand heraus, dass es eine Verbindung zwischen Sensomotorik und Intelligenzentwicklung gibt und diese sich in den ersten Lebensmonaten entwickelt. Dazu kommen in den folgenden Jahren stufenweise Hinzufügungen von neuen, immer abstrakter werdenden Denkfähigkeiten (vorbegrifflich-symbolisch, anschaulich, konkret-operativ, formal). Merleau-Ponty, der unmittelbar vor Piaget den Lehrstuhl für Kinderpsychologie und Pädagogik an der Sorbonne innehatte, stimmte mit diesem in vielen Grundthemen nicht überein. So sah er in der kindlichen Entwicklung nicht eine ständige Addition von zusätzlichen Fähigkeiten, die Kinder zu einem vollwertig denkenden intelligenten Erwachsenen machen würden, sondern erklärte Entwicklungsprozesse als sich ständig neu organisierende leibliche Selbststrukturierungsprozesse, bei denen manche Fähigkeiten auch wieder verloren gehen würden. Die Entwicklung umfasst nach Merleau-Ponty weit mehr als rein kognitive Aspekte, er stellt Selbsterfahrung, Selbsterleben, Rückbezüglichkeit und die Erfahrung des Kontaktes mit der Welt und mit anderen Menschen in einen komplexen Gesamtzusammenhang. Die Entwicklung als Ganzes sei mehr als die Summe ihrer Teile. Merleau-Ponty sah sich damit in der Tradition der Gestaltpsychologie, die Piaget strikt ablehnte.

Das noch junge Konzept der neuroaffektiven Entwicklungspsychologie (Bentzen & Hart, 2016) basiert auf

- der Hypothese von Paul MacLean, der ein phylogenetisch entstandenes dreiteiliges Gehirn beim Menschen postuliert (1. autonomes Nervensystem, sensorisch und Arousal regulierend, 2. limbisches System, Gefühle, 3. Präfrontalkortex, Denken/Mentalisieren),
- weiterentwickelten Bindungstheorien von John Bowlby, Beatrice Beebe und Frank Lachmann,
- dem Mentalisierungskonzept nach Peter Fonagy und Mary Target,
- grundlegenden Ergebnissen der neurowissenschaftlichen Forschung etwa von Antonio Damasio, Erik Kandel, Jaak Panksepp und Paul Ekman,
- der empirischen Säuglingsforschung nach Daniel Stern und der Boston Change Study Group.

Viele dieser Konzepte gehen auf eine psychodynamische Sichtweise des Menschen zurück und wurden von Psychoanalytiker*innen formuliert. Sie sehen Entwicklung oder Veränderung in einem umfassenden relationalen Kontext des Menschen zu sich, zu Anderen und zur Umwelt, der eingebettet ist in eine zeitliche Dimension. Durch Erfahrung generierte, neuronale Muster stabilisieren sich durch Integration und Organisation selbstorganisierender Prozesse des gesamten Organismus. Der weitaus größte Teil dieser Prozesse bleibt unbewusst.

Aufgrund seiner Entwicklung über Millionen von Jahren ist das menschliche Gehirn heute so angelegt, daß es in der Lage ist, sich mit den autonomen Nervensystemen anderer Menschen zu synchronisieren, sich affektiv auf das limbische System anderer einzustimmen und mit Hilfe seiner präfrontalen Strukturen die eigenen Intentionen ebenso wie die anderer zu deuten. Eine reife Persönlichkeitsstruktur, die sich auf andere Menschen mittels Mitgefühl, Empathie und Reflexion einlassen kann, entsteht in der Interaktion mit Bindungsfiguren. (Bentzen & Hart, 2016, S. 22)

Marianne Bentzen und Susan Hart (2016) legen in ihrem Buch »Through the Windows of Opportunity« ein umfassendes Konzept einer *neuroaffektiven Entwicklungspsychologie* vor und verbinden diese mit den Erfahrungen aus verschiedenen Körper- bzw. Spieltherapien. Die neuroaffektive Entwicklungspsychologie geht davon aus, dass die Spuren der Phylogenese, die man in der Struktur des menschlichen Gehirns feststellen kann, auch das

Grundlagenmodell für die Entwicklung des einzelnen Menschen vom Säugling zum Erwachsenen ist.

Die Entwicklung der *autonomen Ebene* beginnt bereits vorgeburtlich im Mutterleib und umfasst ungefähr die Zeit bis zum 3. Lebensmonat. Erste grundlegende Verhaltensweisen des Menschen entstehen bereits in diesem Zeitraum, darunter die Reflexe, Suchbewegungen, Saugen, Greifen und die Aufmerksamkeitskontrolle. Bei der Geburt beginnt die Zeit intensiver Interaktionen und Einstimmungsprozesse mit der Bezugsperson. Durch physische Aktivität und das Empfangen von fürsorglicher Zuwendung entsteht im Kind das Gefühl lebendig zu sein und die Gefühle von Lust bzw. Unlust begleiten und bestimmen diese ersten Lebenserfahrungen. Sich zu bewegen, berührt und gehalten zu werden, sind in dieser Phase die grundlegenden Erfahrungen, die positive Vitalitätsaffekte entstehen lassen. Das sympathische und parasympathische Nervensystem beginnt, sich zu entwickeln und sorgt für Aktivierung und Entspannung. Erste Regulationen des Arousals und der Aufmerksamkeit werden durch die zugewandte und fürsorgliche Anwesenheit der Bezugsperson gelernt. Ist diese Zeit geprägt von unzureichenden Interaktionen mit der Betreuungsperson, so kann es zu Störungen der Aufmerksamkeitskontrolle, der Bindung und bei der Entwicklung der Empathie kommen. Das Kind erlebt, dass es bei der Aufgabe, sich selbst zu regulieren nicht ausreichende Unterstützung bekommt. Die basalen Körperwahrnehmungen werden über weite Strecken mit *Unlust* konnotiert und in den neuronalen Systemen so abgespeichert. Bei jeder neuen Erfahrung werden sie aktiviert und schwingen mit, werden in die Persönlichkeitsprozesse integriert.

Die Entwicklung der *limbischen Ebene* beginnt im Alter von 2–3 Monaten, dauert etwa bis zum 8., 9. Monat und ist dadurch gekennzeichnet, dass die psychische Regulierung mittels intersubjektiver emotionaler Einstimmung erfolgt. Das Kind kann nun feststellen, dass es einen Unterschied gibt zwischen eigenem Erleben und dem Erleben der anderen Menschen. Dazu ist es wichtig, dass es zur markierten Affektspiegelung durch die Betreuungsperson kommt. Eine unmarkierte Affektspiegelung findet statt, wenn man so fühlt wie das Kind. So ist es z. B. für das Kind unmöglich sich zu regulieren, wenn das Gegenüber mit der gleichen Wut reagiert, die es selbst verspürt. Eine unmarkierte Spiegelung enthält kein symbolisches Potential und ruft, wenn es häufig erlebt wird, den Ab-

2.8 Entwickeln

wehrmechanismus der projektiven Identifikation hervor. Markiert ist eine Affektspiegelung dann, wenn man dem Kind zu verstehen gibt, dass man wahrnimmt, dass es jetzt wütend ist. Damit kann die Erfahrung entstehen, dass die eigenen Gefühle nicht auf die andere Person übergreifen. Das Gefühl, trotz der Wut gehalten und verstanden zu werden, entsteht. Es stellt sich eine Pendelbewegung zwischen Ego- und Alterozentrismus ein und die Erfahrung von Grenzen und Köpergrenzen im Besonderen wird wichtig. Das Kind lernt, gemeinsam mit einer Bezugsperson seinen Fokus von der dyadischen Interaktion auf ein drittes Gemeinsames (z. B. spielen mit einer Rassel) zu lenken. Eine Interaktionsform, die man auch nutzt, wenn Patient*in und Therapeut*in aus dem Fluss der gemeinsamen Interaktion steigen und gemeinsam darauf schauen, was da so zwischen ihnen gerade passiert. Wichtig ist dabei das Entstehen von Resonanzfeldern mit anderen Menschen, indem es möglich wird, sich emotional aufeinander einzustimmen. In dieser Phase entstehen das Bindungsverhalten und das implizite Erfahrungswissen. Die Gefühlswelt wird differenzierter und soziale Gefühle entstehen.

Die *Entwicklung des Präfrontalkortex* erhält zwischen dem 8. und 12. Lebensmonat einen ersten Entwicklungsschub, seine endgültige Ausformung ist erst zwischen dem 20. und 25. Lebensjahr abgeschlossen. Interaktionen können nun über einen längeren Zeitraum aufrechterhalten werden und das Kind wird somit beziehungsfähig. Der Gesichtsausdruck der Bezugsperson spielt eine wichtige Rolle, denn er enthält die wichtigsten emotionalen Informationen zur Modulation des eigenen Verhaltens. Das Kind beginnt zu mentalisieren, das heißt, es kann die psychischen Zustände anderer wahrnehmen und mit Bedeutung versehen. Komplexe symbolische Repräsentationen, die vor allem der Selbstregulation dienen, bilden sich aus und innere Zustände können mit Symbolen und Worten verbunden werden. Differenzierte Emotionen entstehen und damit auch ein differenzierteres Selbsterleben. Die in dieser Zeit gesammelten Erfahrungen entscheiden weitgehend über die mentale Flexibilität eines Menschen und die Fähigkeit mentale Repräsentationen erzeugen zu können, z. B. die einer tröstenden Person, wenn man traurig ist.

In der Therapie ist es wichtig, festzustellen auf welcher dieser drei Ebenen (autonom, limbisch, Präfrontalkortex) es zu Störungen gekommen ist. Dabei kann es sein, dass das Reifungspotential nicht ausgeschöpft werden konnte, da die notwendigen Anregungen nicht zur Verfügung standen, oder Fähigkeiten sind auf Grund von Erlebnissen der Deprivation unterentwickelt oder dissoziiert. Störungen auf der autonomen Ebene zeigen sich durch ein hohes Arousal und die Unfähigkeit sich zu regulieren und zu beruhigen. Auf der autonomen Ebene zu arbeiten, bedeutet, sich einzustimmen auf Variationen zwischen ruhigen und energetisierenden Phasen, auf Nähe, Berührung und Gehaltenwerden, auf die Aktivierung von Neugier und die Anleitung zur Entspannung. Störungen auf der limbischen Ebene zeigen sich vor allem in der Störung der Ich-Du-Beziehung. Körperliches Spiel, bei dem in der Aktion Dinge ausgehandelt werden und sich abwechseln mit Pausen, sowie markiertes Spiegeln sind wichtige Angebote, die zum Einsatz kommen. Die Einstimmung auf der präfrontalen Ebene erfolgt vor allem dadurch, dass Aktivitäten und Erlebnisse verbalisiert und besprochen werden. Es geht darum zu erforschen, wie man sich selbst erlebt und empfindet. Dabei werden komplexe Mentalisierungsprozesse aktualisiert: Was denke ich, dass Du denkst, das ich denke?

Damasio stellt ebenso eine dreigeteilte *Entwicklungshypothese des Selbst* auf, das sich vom Protoselbst über das Kernselbst zum autobiografischen Selbst entwickelt.

> Die einfachste Stufe erwächst aus dem Gehirnanteil, den der Organismus vertritt (Protoselbst). Sie besteht aus einer Ansammlung von Bildern, die relativ stabile Aspekte des Körpers beschreiben und spontane Gefühle des lebenden Körpers (ursprüngliche Gefühle) erzeugen. Die zweite Stufe ergibt sich aus dem Aufbau einer Beziehung zwischen dem Organismus (wie er im Protoselbst repräsentiert ist) und jedem Teil des Gehirns, der ein zu kennendes Objekt repräsentiert. Das Ergebnis ist das Kernselbst. Die dritte Stufe lässt mehrere Objekte, die zuvor als erlebte Erfahrung oder vorhergesehene Zukunft aufgezeichnet wurden, mit dem Protoselbst in Wechselbeziehung treten und eine Fülle von Kern-Selbst-Pulsen erzeugen. Hieraus entsteht das autobiografische Selbst. (Damasio, 2013, S. 193)

2.9 Verändern

Die moderne Psychotherapieforschung hat als einen der wichtigsten Wirkfaktoren für das Gelingen einer Therapie die Beziehung zwischen Therapeut*in und Patient*in benannt. Im Detail haben Stern und die Boston Change Prozess Study Group in ihren Untersuchungen zeigen können, dass sich der Veränderungsprozess nur in einem intersubjektiven Feld entfalten kann. Das heißt, man geht von der Auffassung aus, dass beide Beteiligten ständig auf den Therapieprozess einwirken und ihn voranbringen.

> Der komplexe Prozess des Zusammenpassens verlangt, dass die beiden Partner ihre gemeinsame Richtung aktiv miteinander aushandeln, indem sie sich – freilich mit wechselndem Erfolg – vorantasten, ein ums andere Mal einen Schritt zurückgehen und aufs Neue ansetzen, um sich aufeinander abzustimmen. […] An dieser Suche sind all die komplexen expliziten und impliziten Elemente beteiligt, die ins Spiel kommen, wenn wir miteinander kommunizieren. (Stern et al., 2012, S. 252)

Das Suchen, Finden und Verfolgen einer gemeinsamen Richtung ist geprägt von verpassten Anschlüssen mit Wiederholungen, Fehlern und Irrtümern, Missverständnissen, Unterbrechungen und entsprechend notwendigen Reparaturen des lädierten Beziehungsgeschehens. Das gemeinsame Sich-Vorantasten und Suchen stärkt das Gefühl der Lebendigkeit. In der KBT kann man diese Suche nach dem nächsten Schritt auf die Körperebene und damit ins gemeinsame Handeln bringen. In einem solchen Voranschreiten entstehen so Momente echter Begegnung, »now moments« wie Stern sie nennt, die das Potential der Veränderung in sich tragen.

Jede Person bringt eine Fülle von implizitem Beziehungswissen mit in die Therapie und hat bewusste und unbewusste Vorstellungen davon, wie etwas sein soll. In der Interaktion mit dem*der Therapeut*in aktualisieren sich die Grundlebensthemen sehr rasch anhand der Themen von Geben und Nehmen, Öffnen und Schließen, Nähe und Distanz, Aggression und Hemmung, Hingabe und Widerstand. Wenn es in der Therapie gelingt, eine vertrauensvolle Beziehungsbasis aufzubauen, dann können die Patient*innen einen immer größeren Anteil ihrer Persönlichkeit einbringen und das relationale Feld erweitert sich.

2.10 Schlussbemerkungen

Christine Gräff schreibt:

> KBT ist ›einfach‹, wenn wir das Einfache in uns entwickeln und leben. Hat der KBT-Therapeut den Ballast des komplizierten Denkens und Handelns abgeworfen, kann er auch in seinem Ausdruck einfach werden. Dann ist die KBT eine einzigartige Psychotherapie, weil sie ganz am konkreten Leben orientiert ist. (Gräff, 2008, S. 267)

Wie immer in der KBT gilt: zuerst kommt die Erfahrung – wahrnehmend, spürend und empfindend gelebtes Leben – und das ist im Grunde eine einfache Sache, weil wir uns mit den ganz basalen alltäglichen Dingen, wie Liegen, Stehen, Gehen ... beschäftigen. Je weiter die Forschung voranschreitet, umso mehr kommt von dem vielgestaltigen, wissenschaftlichen Fundament zum Vorschein, auf das die KBT baut.

Literatur

Beauchamp, T., & Childress, J. (2019). *Prinicples of Biomedical Ethiks*. Oxford: University Press.
Bentzen, M., & Hart, S. (2016). *Neuroaffektive Therapie*. Lichtenau/Westfalen: G.P. Probst.
Cserny, S., & Paluselli, C. (2006). *Der Körper ist der Ort des psychischen Geschehens*. Grundlagenwissen der Konzentrativen Bewegungstherapie. Würzburg: Königshausen & Neumann.
Damasio, A. (2007). *Descartes' Irrtum*. Berlin: List.
Damasio, A. (2013). *Selbst ist der Mensch*. Körper, Geist und die Entstehung des menschlichen Bewusstseins. München: Siedler.
Damasio, A. (2000). *Ich fühle also bin ich*. München: List.
Damasio, A. (2021). *Wie wir denken, wie wir fühlen*. München: Carl Hanser.

2.10 Schlussbemerkungen

Fonagy, P. (2008). *Affektregulierung, Mentalisierung und die Entwicklung des Selbst.* Stuttgart: Klett-Cotta.

Gräff, C. (1984). Von der Körper-Sprache zur Sinn-Gestalt. Eine Einführung in den psychosomatischen Weg der Konzentrativen Bewegungstherapie 1975. In H. Stolze (Hrsg.), *Die Konzentrative Bewegungstherapie.* Grundlagen und Erfahrungen (S. 449–451). Berlin: Mensch und Leben.

Gräff, C. (2008). *Konzentrative Bewegungstherapie in der Praxis.* Stuttgart: Klett-Cotta.

Hüther, G. (2013). *Bedienungsanleitung für ein menschliches Gehirn.* Göttingen: Vandenhoek & Ruprecht.

Kandel, E. (2009). *Auf der Suche nach dem Gedächtnis.* München: Wilhelm Goldmann.

Langer, S. (1987). *Philosophie auf neuem Weg.* Frankfurt am Main: Fischer.

Lorenzer, A. (1970). *Kritik des psychoanalytischen Symbolbegriffs.* Frankfurt am Main: Suhrkamp.

Ludwig, S. (2002). *Elsa Gindler – von ihrem Leben und Wirken.* Hamburg: Christians.

Merleau-Ponty, M. (1974). *Phänomenologie der Wahrnehmung.* Berlin: Walter de Gruyter & Co.

Merleau-Ponty, M. (2021). *Das Primat der Wahrnehmung.* Frankfurt am Main: suhrkamp taschenbuch wissenschaft.

Roth, G. (2003). *Fühlen, Denken, Handeln.* Wie das Gehirn unser Verhalten steuert. Frankfurt am Main: suhrkamp taschenbuch wissenschaft.

Schmidt, E. (2006). Konzentratives Spüren. In E. Schmidt (Hrsg.), *Lehrbuch Konzentrative Bewegungstherapie* (S. 80–82). Stuttgart: Schattauer.

Stern et al., D. (2012). *Veränderungsprozesse.* Ein integratives Paradigma. Frankfurt am Main: Brandes & Apsel.

Stolze, H. (1984). Psychotherapeutische Aspekte einer Konzentrativen Bewegungstherapie 1958. In H. Stolze (Hrsg.), *Die Konzentrative Bewegungstherpie.* Grundlagen und Erfahrungen (S. 16–27). Berlin: Mensch und Leben.

Stolze, H. (o. J.). Der Tetraeder des Begreifens. In B. Purschke-Heinz, & R. Schwarze, *KBT auf dem Weg.* Gedenkschrift für Helmuth Stolze, den Begründer der Konzentrativen Bewegungstherapie (S. 81–119). Telgte: DAKBT e.V.

von Weizäcker, V. (1986). *Der Gestaltkreis.* Theorie von Wahrnehmen und Bewegen. Stuttgart: Thieme.

Waldenfels, B. (2000). *Das leibliche Selbst.* Frankfurt am Main: Suhrkamp.

3 Kernelemente der Diagnostik

Maria Stippler-Korp

In diesem Kapitel wird das Wesentliche der Diagnostik in der KBT, das Erfassen des Phänomens beschrieben und das Zusammenspiel von Diagnostik und Therapieplanung im Sinne eines zirkulären Prozesses erläutert.

Folgende Grundannahmen für die Diagnostik in der KBT wurden von Scheepers-Assmus et al. (2016) in Anlehnung an die OPD-2 festgehalten:

- Die Diagnostik wird in der KBT als Grundlage der Therapieplanung angesehen. Von besonderer Bedeutung ist hierbei der psychodynamische Fokus.
- Es werden sowohl kritische Merkmale und Defizite als auch Ressourcen und Kompetenzen erfasst.
- Die Diagnostik ist eingebunden in das interaktionelle Geschehen zwischen Therapeut*in und Patient*in.
- Alle Befunde sind lebensgeschichtlich determiniert und aufeinander bezogen.

Wie für jede psychodynamische Psychotherapie gilt auch für die KBT, dass jede initiale diagnostische Einschätzung immer den Status einer Hypothese hat und eine fortwährende Überprüfung im Sinne einer adaptiven Diagnostik notwendig ist (Wöller & Kruse, 2010).

3.1 Symptomorientierte Diagnostik

Für KBT-Therapeut*innen ist es vor allem in Österreich, wo eine Abrechnung mit den Krankenkassen möglich ist, notwendig, eine Krankheitsdiagnose zu stellen. Hierzu werden die gängigen Klassifikationssysteme ICD-10/11 und DSM-IV bzw. DSM-5 gemäß den Vorgaben der jeweiligen Krankenkasse genutzt. Beide Klassifikationssysteme basieren auf einer kategorialen Diagnostik. Das heißt, die typischen Symptome, die zur Diagnose einer bestimmten Erkrankung führen, werden taxativ aufgezählt. Die Diagnose erfolgt gewöhnlich im Rahmen der Anamnese, indem Symptome systematisch abgefragt werden und bei Übereinstimmung mit dem Kriterienkatalog die entsprechende Diagnose gestellt wird.

Für die Therapieplanung hat diese symptomorientierte Diagnostik nur eine eingeschränkte Bedeutung. Das Aussprechen einer konkreten Diagnose kann für manche Betroffene wichtig und therapeutisch sinnvoll sein. Das konkrete therapeutische Vorgehen der KBT orientiert sich jedoch nicht an einer klinischen Diagnose oder an Manualen, sondern am Einzelfall. Das heißt, es gibt beispielsweise keine standardisierte oder manualisierte KBT-Behandlung einer Depression, sondern die individuelle Entstehungsgeschichte der Symptome vor dem Hintergrund der jeweiligen Biografie und aktuellen Lebenssituation wird ergründet und daraus ein individuelles Behandlungskonzept entwickelt. Daraus folgt, mit den Worten Helmuth Stolzes: »KBT ist immer anders! Das heißt, ernsthaft gemeint, dass wir als Therapeuten sehr erfindungsreich sein müssen – und dürfen!« (Stolze, o. J., S. 93). Diese Herangehensweise mag aufgrund der starken Betonung der Individualität und der daran angepassten Therapie zwar manchmal irritierend wirken, entspricht aber dem in der Metastudie von Bruce Wampold empfohlenen, kontextuellen Modell von Psychotherapie. Wampold (2001) konnte belegen, dass in der Psychotherapie drei Wirkmechanismen als zentral anzusehen sind: die echte Beziehung zwischen Therapeut*in und Patient*in, die Erwartungen der Patient*innen, dass die Therapie hilft, und ein individuelles Erklärungsmodell, das auf die subjektive Erklärung des Leidenszustands der*des Patient*in Bezug nimmt. Mit anderen Worten, es geht darum, dass die Patient*innen dem Erklärungsmodell, das die*der Therapeut*in anbietet, Glauben schenken und sich in ihrer Individualität wiederfinden. Dies ist die Grundlage dafür, dass die Patient*innen darauf vertrauen, dass die Behandlung hilfreich ist (Wampold, Imel & Flückinger, 2018). Die Herangehensweise der KBT mit der Orientierung am Phänomen und dem daraus abgeleiteten individuellen Behandlungskonzept entspricht diesen Anforderungen.

3.2 Das Phänomen

Zentral in der Diagnostik der KBT ist das Phänomen. Das Phänomen umfasst »den gesamten Ausdruck des Patienten: Körperhaltung, Mimik, Gestik, seine Bewegungen, Körperschema, Körperbild, die Art und Weise seines Umgangs mit belebten und unbelebten Objekten, die Art und Weise seiner Beziehungsaufnahme und Symbolisierungsfähigkeit« (Cserny & Tempfli, 1999, S. 15). Diese Gesamtheit des Erscheinungsbilds wird als Ausdruck der psychischen Repräsentanzen (Selbst-, Objekt- und Affektrepräsentanzen) verstanden und muss immer vor dem Hintergrund der individuellen Lebensgeschichte interpretiert werden. Die Wahrnehmung des Phänomens ist einerseits Teil der Diagnostik, aber zugleich auch der Therapieplanung. Sie kann mit der Wahrnehmung der szenischen Information in der Psychoanalyse verglichen werden (Argelander, 2011). Auch Peter Henningsen (2021) betont in Anlehnung an Thomas Fuchs (2006), dass »nicht nur die besonders emotionsnahen Körperphänomene wie Mimik, Gestik, und Tonfall der Stimme systematisch zu beachten [sind], sondern auch andere körperliche Aspekte, wie z. B. die Haltungen und Bewegungen des Gegenübers – als wichtige, mit Aspekten der Persönlichkeit eng zusammenhängende Phänomene des individuell verkörperten Selbst« (Henningsen, 2021, S. 175) für die Diagnostik von Bedeutung sind. Es geht also um ein ganzheitliches Erfassen, um den Gesamteindruck, in den neben konkreten Beobachtungskriterien auch Intuition und persönliche Erfahrung einfließen (Fuchs, 2022). »Nicht selten basieren wir eine Diagnose auf etwas, das wir mit Sicherheit wahrnehmen, ohne es an andere durch Worte mitteilen zu können« (Rümke, 1958 zitiert nach Fuchs, 2022,

S. 64). Trotz dieser Betonung von Intuition und Erfahrung ist es notwendig, dass die Diagnostik auch auf einer systematischen Beobachtung basiert und damit nachvollziehbar und zugleich lehr- und lernbar ist. In der systematischen Beobachtung des Phänomens orientiert sich die KBT an der OPD-2 als standardisiertes, tiefenpsychologisches Diagnoseinstrument. Ergänzt werden die Bereiche der OPD-2 für die KBT um die Einschätzung des Körperselbst und der Körperphänomene sowie der Symbolisierungsfähigkeit (Scheepers-Assmus et al., 2016).

3.3 Für die KBT entwickelte Diagnoseinstrumente

In der Konzentrativen Bewegungstherapie wurden eigene Diagnoseinstrumentarien entwickelt, wie beispielsweise die *Skalen zur Prozessdiagnostik* (Seidler, Schreiber-Willnow, Hamacher-Erbguth & Pfäfflin, 2003, 2004). Die insgesamt neun Skalen erfassen folgende, für die KBT bedeutsame, Bereiche:

- Körperwahrnehmung: Wie fokussiert und differenziert kann die*der Patient*in (spontan oder bei Nachfragen) ihre*seine Körperwahrnehmung beschreiben?
- Bewegungsverhalten: Kann das Bewegungsverhalten situationsadäquat gesteuert werden?
- Körperbegrenzung I (soziale Nähe-Distanzregulation): Inwieweit ist es möglich, Wünsche nach Nähe und Abgrenzungsimpulse bei sich und anderen wahrzunehmen und adäquat darauf zu reagieren?
- Körperbegrenzung II (körperliches Eigenerleben): Ist ein konstantes kohärentes Körpererleben vorhanden oder in welchem Ausmaß liegen Beeinträchtigungen vor?

- Symbolisierungserfahrung: Inwieweit kann die*der Patient*in die in der KBT angeregten Symbolisierungsprozesse als bedeutungsvolle Erfahrungen erleben und nutzen?
- Körperbesetzung I (Zuneigung gegenüber dem eigenen Körper): Inwieweit wird der eigene Körper gemocht oder abgelehnt?
- Körperbesetzung II (Kontrolle): Inwieweit ist das eigene Erleben davon geprägt, körperliche Befindlichkeiten beeinflussen zu können?
- Explorationsverhalten: Inwieweit ist Exploration möglich und motivational geleitet?
- Situative Selbstregulation: Inwieweit kann die*der Patient*in in der therapeutischen Situation aktives Bewältigungsverhalten zeigen und in welchem Ausmaß führt dieses Bewältigungsverhalten zu einer subjektiv zufriedenstellenden Balance bezüglich Wünsche, Bedürfnisse und Ängste?

Die Einschätzung der Fähigkeiten anhand von Rating-Skalen mit Ankerbeispielen dient der Erfassung des Phänomens und kann zur Behandlungsplanung herangezogen werden.

Einen weiteren Ansatz zur KBT-Diagnostik stellte Evelyn Schmidt (2010) unter dem Begriff *Leibdiagnostik* vor. Sie sieht diese Leibdiagnostik als Ergänzung zur symptomorientierten Diagnostik und zur Konflikt- und Strukturdiagnostik der OPD. Dieser Ansatz der Leibdiagnostik stellt einen ersten Versuch der Systematisierung der Wahrnehmung des Phänomens dar. Den Leib versteht Schmidt (2010) als »körperlich-seelisch-geistige Einheit [...] im Kontext von Beziehung, also abhängig von Bindungserfahrungen in der Entwicklung« (Schmidt, 2010, S. 39). Sie führt dazu weiter aus: »Haltung, Bewegungsmuster, Gestik, Mimik und andere Phänomene der aktuellen Körpererfahrung werden als ›Substrate‹ verkörperter Beziehungserfahrungen gesehen, Leib als verdichtete Beziehungsgeschichte« (ebd., S. 40). Die Leibdiagnostik geschieht im Dialog. Die*Der Patient*in teilt Körperempfindungen, Körpersymptome, Gefühle, Affekte, Stimmungen, Geschichten, Gedanken und innere Bilder mit. Die*Der Therapeut*in beobachtet den Körperausdruck in Haltung und Bewegung, Mimik, Gestik, Stimme und Sprache sowie die eigenen Gegenübertragungsgefühle und die leibliche Resonanz. Zur Beobachtung des Körperausdrucks schlägt Schmidt vier Ebenen vor:

- Verkörperung: Systematische Erfassung des Körpererlebens durch Angebote zur strukturierten Körperwahrnehmung im Sitzen oder Liegen und eventuell anschließender Symbolisierung, Auswertung unter dem Gesichtspunkt: Was ist da, was fehlt?
- Ausdehnen und Zusammenziehen: Wie kann sich jemand Raum nehmen, wo sind zurückgehaltene Bewegungen, ist die Wahrnehmung mehr nach innen oder außen gerichtet?
- Beziehung zum tragfähigen Boden und Möglichkeit der Aufrichtung: Wie ist Aufrichtung möglich, ist sich anvertrauen möglich?
- Ausrichtung nach vorne und hinten im Kontakt: Wie ist der Kontakt zu anderen, Nähe-Distanz-Verhalten

Das Zusammenwirken von Beobachtung, Erzählung und Gegenübertragung gibt Hinweise für Beziehungsszenen und Entwicklungsaufgaben.

Für die Weiterbildung hat Ulrike Schmitz (2014) ein Arbeitsblatt zur Fokusbildung auf die von Therapeut*innen wahrgenommene Beziehungsgestaltung und ihre körperlichen Reaktionen entwickelt. Sie listet dazu 18 mögliche *Impulse, Körper- und Gefühlsreaktionen* (Gegenübertragungsgefühle und Reaktionen) auf, z. B. »Ich fühle mich angestrengt, werbe und versuche herauszulocken« (Schmitz, 2014, S. 59). Diese Liste, die keinen Anspruch an Vollständigkeit erhebt, soll es den (angehenden) Therapeut*innen erleichtern, das Beziehungsgeschehen zu beschreiben und die Beziehungsdynamik zu reflektieren.

3.4 Körperfokussierte Diagnoseinstrumente

Es gibt zahlreiche Diagnoseinstrumente, die das Körpererleben oder Körperbild in den Fokus stellen. Von besonderem Interesse in der Diskussion zur Diagnostik in der KBT war dabei die *Körperbild-Liste* (KB-L) von Joachim Küchenhoff und Puspa Argawalla (2013). Die Körperbild-Liste dient der Evaluation des Körpererlebens und stellt eine Ergänzung zur OPD-2 dar. Zentral sind dabei die Dimensionen: Wahrnehmen und Erleben der eigenen Körperlichkeit, der Bezugspersonen in ihrer Körperlichkeit, der körperlichen Kommunikation und Inanspruchnahme des Körpers zur psychischen Regulation. Die Einschätzung erfolgt über ein narratives Interview zu Bereichen des alltäglichen Lebens. Hierin liegt auch einer der Nachteile aus Sicht der KBT: Zentral für die Diagnostik ist in der KBT nicht allein das Gespräch, sondern das Phänomen, das sich auch im gesprochenen Wort zeigt, aber doch viel umfassender ist. Zu einem ähnlichen Befund kommt Henningsen (2021), der bemängelt, dass weder die eigene Körperresonanz noch direkte Beobachtungen des Gegenübers in seiner Körperlichkeit in die Beurteilung miteinfließen. Hinzu kommt aus Sicht der Arbeitsgruppe um Scheepers-Assmus et al. (2016), dass die Körperbild-Liste die Dichotomie Körper vs. Seele/Geist betont, z. B. spricht die Körperbild-Liste von Affekten und körperbezogenen Affekten. Diese Unterscheidung widerspricht grundlegenden Annahmen der KBT.

Der *Körperbildstrukturtest* nach Peter Joraschky und Angela von Arnim (2009) kann zur Messung des Körpererlebens eingesetzt werden. Indirekt erhält man Rückschlüsse auf die Ich-Identität und Ich-Konsistenz. Bei diesem Verfahren modellieren die Patient*innen mit geschlossenen Augen aus Ton eine menschliche Figur. Die Auswertung erfolgt sowohl quantitativ mit Hilfe eines Erfassungsbogens als auch qualitativ mit einem teilstrukturierten Gespräch. Bei der quantitativen Auswertung wird die Skulptur hinsichtlich anatomischer Vollständigkeit, Haltung, Ausrichtung der Körperlängsachse, Accessoires und weiteren Besonderheiten (z. B. Ausbuchtungen, Dellen …) ausgewertet. Im Vergleich zu Daten einer Normstichprobe können so Aussagen bezüglich Vollständigkeit, Proportionalität und Verbundenheit der Figur gemacht werden. Damit ist es auch möglich, Veränderungsprozesse abzubilden.

3.5 KBT-Diagnostik in Anlehnung an die Operationalisierte Psychodynamische Diagnostik (OPD)

Die KBT ist eine körperorientierte, psychodynamische Psychotherapiemethode. Es ist notwendig, dass die Diagnostik sowohl der psychodynamischen Orientierung als auch dem körperpsychotherapeutischen Zugang Rechnung trägt. Wie oben beschrieben, ist die Wahrnehmung des Phänomens zentral im Sinne der Diagnostik in der KBT. Dass dies aber nicht bedeutet rein intuitiv vorzugehen, sondern ein strukturiertes und fundiertes Konzept die Basis dafür bildet, zeigt die Arbeit einer Arbeitsgruppe des Deutschen (DAKBT) und des Österreichischen Arbeitskreises für Konzentrative Bewegungstherapie (ÖAKBT) zur Diagnostik in der KBT. Die Arbeitsgruppe setzte sich bis 2016 in einem ersten Schritt mit der Frage auseinander, welche Bereiche für die Diagnostik im Rahmen einer Psychotherapie mit KBT relevant sind (Scheepers-Assmus et al., 2016). Dabei war vor allem die Auseinandersetzung mit der Operationalisierten Psychodynamischen Diagnostik (OPD-2) bereichernd. Die fünf Achsen der OPD-2 (Krankheitserleben und Behandlungsvoraussetzungen, Beziehungsgestaltung, intrapsychische Konflikte, strukturelle Fähigkeiten und deskriptive Diagnose) sind in der KBT zentral für die Therapieplanung. Die Einschätzung der psychischen Struktur der Patient*innen nach OPD-2 und die Benennung der zentralen intrapsychischen Konflikte ist wichtiger Inhalt der Lehre im Fachspezifikum Konzentrative Bewegungstherapie in Österreich sowie in der Weiterbildung in Deutschland. Im Gegensatz zur OPD-2 werden diese Bereiche jedoch nicht ausschließlich im Gespräch erhoben, sondern aus dem Phänomen in Verbindung mit dem (Anamnese-)Gespräch erschlossen und im Therapieverlauf immer wieder reflektiert. Ergänzt werden die Bereiche der OPD-2 für die KBT durch die Einschätzung des Körperselbst und der Körperphänomene sowie der Symbolisierungsfähigkeit.

Durch die Orientierung an der OPD-2 wird außerdem die Kommunikation in multidisziplinären Teams erleichtert. Die Erfahrung vieler in Kliniken tätiger KBT-Therapeut*innen zeigte, dass eine rein KBT-spezifische Diagnostik und die damit verbundene KBT-spezifische Sprache oftmals die Kommunikation mit Kolleg*innen erschwerte. Die OPD-2 gehört als standardisiertes, tiefenpsychologisches Diagnoseinstrument in vielen Kliniken im deutschsprachigen Raum mittlerweile zum klinischen Standard und kann damit als verbindende Sprache angesehen werden (Scheepers-Assmus et al., 2016).

Im 2016 veröffentlichten Leitfaden (Scheepers-Assmus et al., 2016) werden die folgenden Bereiche angeführt:

1. Grundlegende Daten, Abklärung von Beschwerden, Ideen zum Krankheitskonzept, Ziele, Ressourcen und mögliche Veränderungswiderstände (ähnlich der Achse I der OPD-2)
2. Körperselbst und Körperphänomene
3. Symbolisierungsfähigkeit
4. Therapeutisches Beziehungsgeschehen
5. Strukturelle Fähigkeiten
6. Grundkonflikte und ihre Muster
7. Zusammenfassende Arbeitshypothesen

Der Abschnitt *Körperselbst und Körperphänomene* steht in direktem Zusammenhang mit der Biografie der Patient*innen, denn »der aktuelle leibhaftige Ausdruck von aktuellen Haltungs- und Bewegungsmustern basiert auf vielschichtigen Erfahrungen mit der Umwelt und bedeutsamen Menschen« (Scheepers-Assmus et al, 2016, S. 20). Eine Möglichkeit diese Körperphänomene strukturiert zu erfassen, stellen der oben beschriebene Ansatz zur Leibdiagnostik (Schmidt, 2010), die Körperbild-Liste (Küchenhoff & Agarwalla, 2013) und der Körperbildstrukturtest (Joraschky & von Arnim, 2009) dar.

Die *Symbolisierungsfähigkeit* kann hinsichtlich dreier verschiedener Dimensionen beurteilt werden. Die körperbezogene Dimension der Symbolisierung bezieht sich auf den symbolisierten Ausdruck von Körperphänomenen (kann z. B. ein Bild des Körpers gestaltet werden), das psychosomatische Verständnis von Erkrankungen und auf die symbolhafte Bedeutung eigener Interaktionsangebote. Die affektbezogene Dimension von Symbolisierung bezieht sich auf die Fähigkeit, Affekte z. B. durch Gegenstände zu symbolisieren oder durch die Nutzung von Gegenständen

3.5 KBT-Diagnostik in Anlehnung an die OPD

als Symbole innere Erfahrungen lebendig werden zu lassen und neue Perspektiven zu entwickeln. Die objektbezogene Dimension der Symbolisierung bezieht sich darauf, ob eigene innere Anteile oder andere, bedeutsame Personen mit Symbolen dargestellt werden können. Die Einschätzung dieser drei Dimensionen erfolgt anhand von entsprechenden Beobachtungen in KBT-Angeboten.

Für das *therapeutische Beziehungsgeschehen* oder die *Beziehungsdynamik* wird auf die zentralen Fragen der OPD-2 zur Überprüfung der Beziehungsdynamik im Leitfaden aus dem Jahr 2016 verwiesen. Seit 2022 befasst sich eine neu formierte Arbeitsgruppe mit dem Thema der Beziehungsdiagnostik nach der OPD-2 bzw. der OPD-3 und ihrer Bedeutung für die KBT-Diagnostik.

Die *Einschätzung der strukturellen Fähigkeiten* lehnt sich an der OPD-2 an. Im Gegensatz zur OPD-2 erfolgt die Beurteilung aber nicht nur aufgrund der im Interview geschilderten Beispiele, sondern auch anhand der in der Therapie gezeigten Phänomene. Um (angehenden) KBT-Therapeut*innen die eigene Annäherung an die OPD-2 zu erleichtern, wurden von der Arbeitsgruppe um Scheepers-Assmus et al. (2016) Ankerbeispiele zur Einschätzung der strukturellen Fähigkeiten formuliert. In diesen Ankerbeispielen soll gezeigt werden, wie Beobachtungen während eines Angebots (ein Phänomen) zur Einschätzung der strukturellen Fähigkeiten herangezogen werden können. Diese wurden im Anhang des Leitfadens veröffentlicht (Scheepers-Assmus et al, 2016). Die Ankerbeispiele beziehen sich auf eine Gruppensituation und das Angebot »Gehen im Raum« und einzelne mögliche Beobachtungen werden dem entsprechenden Strukturniveau zugeordnet.

Auch die *Beschreibung der zentralen Konflikte* orientiert sich an der OPD-2. Eine vertiefte Auseinandersetzung mit dieser Achse und eine Reflexion, wie die Einschätzung der Konflikte durch KBT-Angebote ermöglicht werden könnte, hat noch nicht stattgefunden. Passend dazu wird im Vorwort des Leitfadens festgehalten: »Wie jede Diagnostik sich immer im zwischenmenschlichen Geschehen entwickelt, so ist auch die KBT-Diagnostik ein interaktives Produkt, welches noch nicht abgeschlossen ist und einer Fortschreibung bedarf« (Scheepers-Assmus et al. 2016, S. 6f.).

Den Abschluss des Leitfadens bildet die *Erstellung einer Arbeitshypothese*. Die Arbeitshypothese bietet einen ersten Erklärungsansatz, wie sich die

Symptome entwickelt haben, welche Stärken und Schwächen vorhanden sind und welche therapeutische Grundhaltung aufgrund der strukturellen Einschätzung notwendig ist. Daraus lassen sich für die Therapieplanung der implizite und explizite Therapiefokus ableiten.

3.6 Das Zusammenspiel von Diagnostik und Therapieplanung

Diagnostik und Therapie greifen ineinander. KBT-Therapeut*innen nehmen das Phänomen wahr und reflektieren es vor dem Hintergrund der individuellen Lebens- und Lerngeschichte der Patient*innen. Dieser Reflexionsprozess basiert auf ihrem theoretischen Wissen über Konzepte zur psychischen Struktur, zu den intrapsychischen Konflikten, zu den verinnerlichten Beziehungserfahrungen und -mustern und zur Symbolisierungsfähigkeit sowie auf ihrem intuitiven Erfahrungswissen. Sie bilden so Arbeitshypothesen, die die Grundlage für die Angebote sind, die sie den Patient*innen vorschlagen. In jedem KBT-Angebot zeigt sich wiederum das Phänomen – Arbeitshypothesen können so bestätigt, vertieft oder verändert werden. Diagnostik und Therapie ist damit ein zirkulärer Prozess (Stippler-Korp, 2022). Neben der Wahrnehmung des Phänomens durch die*den Therapeut*in ist selbstverständlich immer auch das gemeinsam vereinbarte Therapieziel handlungsleitend.

Literatur

Arbeitskreis OPD (2006). *Operationalisierte Psychodynamische Diagnostik OPD-2. Das Manual für Diagnostik und Therapieplanung*. Bern: Hans Huber.
Argelander, H. (2011). *Das Erstinterview in der Psychotherapie*. Darmstadt: WBG.
Cserny, S. & Tempfli, U. (1999). Die Wirkung von Körperinterventionen auf das psychische Geschehen und dessen Veränderung. In S. Cserny & C. Paluselli (Hrsg.) (2006), *Der Körper ist der Ort des psychischen Geschehens* (S. 11–30). Würzburg: Königshausen & Neumann.

3.6 Das Zusammenspiel von Diagnostik und Therapieplanung

Fuchs, T. (2006). Gibt es eine leibliche Persönlichkeitsstruktur? Ein phänomenologisch-psychodynamischer Ansatz. *Psychodynamische Psychotherapie*, 5, 109–117.

Fuchs, T. (2022). Zwischenleibliche Diagnostik. In C. Höfner & M. Hochgerner (Hrsg.). *Psychotherapeutische Diagnostik* (S. 63–73). Heidelberg: Springer.

Henningsen, P. (2021). *Allgemeine Psychosomatische Medizin*. Krankheiten des verkörperten Selbst im 21. Jahrhundert. Berlin: Springer.

Joraschky, P. & von Arnim, A. (2009). Der Körperbildskulpturtest. In P. Joraschky, T. Loew & F. Röhricht (Hrsg.), *Körpererleben und Körperbild*. Ein Handbuch zur Diagnostik (S. 183–191). Stuttgart: Schattauer.

Küchenhoff, J. & Agarwalla, P. (2013): *Körperbild und Persönlichkeit*. Die klinische Evaluation des Körpererlebens mit der Körperbild-Liste. Berlin: Springer.

Scheepers-Assmus, C., Kintrup, K., Eulenpesch, B., Freudenberg, N., Kühnel, U. & Stippler-Korp, M. (2016). Diagnostik in der KBT. *Konzentrative Bewegungstherapie*, 45: Sonderheft

Schmidt, E. (2010). Leibbezogene Diagnostik. *Konzentrative Bewegungstherapie*, 32, 39–43.

Schmitz, U. (2014). Der Körper ist ein unsicheres Gefährt – KBT bei Somatisierungsstörungen und hypochondrischen Ängsten. *European Psychotherapy*, 56–67.

Seidler, K.P., Schreiber-Willnow, K., Hamacher-Erbguth, A., Pfäfflin, M. (2003). Bedeutsame Merkmale zur Prozessdiagnostik in der Konzentrativen Bewegungstherapie (KBT). *Gruppenpsychotherapie und Gruppendynamik*, 39, 362–377.

Seidler, K.P., Schreiber-Willnow, K., Hamacher-Erbguth, A., Pfäfflin, M. (2004). Skalen zur Prozessdiagnostik in der Konzentrativen Bewegungstherapie. *Zeitschrift für Konzentrative Bewegungstherapie*, 34, 67–102.

Stippler-Korp, M. (2022). Diagnostik in der Konzentrativen Bewegungstherapie. In C. Höfner & M. Hochgerner (Hrsg.), *Psychotherapeutische Diagnostik*. Kompendium für alle in Österreich anerkannten Therapieverfahren (S. 215–226). Berlin: Schattauer.

Stolze H. (o.J.). Der Tetraeder des Begreifens. Einführung in die Theorie und Praxis der Konzentrativen Bewegungstherapie. In B. Purschke-Heinz & R. Schwarze (Hrsg.), *KBT auf dem Weg. Gedenkschrift für Helmuth Stolze, den Begründer der Konzentrativen Bewegungstherapie* (S. 81–120). Telgte: Eigenverlag DAKBT.

Wampold, B.E. (2001). *The great psychotherapy debate*. Models, methods, and findings. London: Lawrence Erlbaum.

Wampold, B.E., Imel, Z.E. & Flückinger, C. (2018). *Die Psychotherapie-Debatte*. Was Psychotherapie wirksam macht. Bern: Hogrefe.

Wöller, W. & Kruse, J. (2010). Bevor die Therapie beginnt. In W. Wöller & J. Kruse (Hrsg.), *Tiefenpsychologisch fundierte Psychotherapie*. Basisbuch und Praxisleitfaden (S. 59–106). Stuttgart: Schattauer.

4 Kernelemente der Konzentrativen Bewegungstherapie

Maria Stippler-Korp

Die Verbundenheit von Körper und Psyche, von Leib und Seele, ist die grundlegende Annahme der Konzentrativen Bewegungstherapie, wobei beide Bereiche als gleichwertig und untrennbar angesehen werden. In diesem Kapitel wird anhand von zentralen Elementen der KBT aufgezeigt, wie die in ▶ Kap. 2 beschriebenen Grundannahmen in der Therapie umgesetzt werden.

Basierend auf dieser Gleichwertigkeit von Emotionalem und Kognitivem, von averbal-erlebnistherapeutischem und verbal-analysierendem Arbeiten sind folgende Annahmen nach Helmuth Stolze (1983) zentral für die KBT:

- Das Unbewusste ist eine psychische Realität.
- Übertragung, Gegenübertragung, Widerstand und Abwehr sind wichtige Phänomene in der Therapie.
- Es gibt einen Zusammenhang zwischen der eigenen Biografie und Entwicklung und den psychischen Symptomen.
- Es ist notwendig, psychophysisches Material durchzuarbeiten.

Die Therapie soll den Patient*innen »einen Spiel-, Handlungs- und Erfahrungsraum im Sinne Winnicotts bieten, um ihre Beziehungsfähigkeit zu sich selbst, zum eigenen Körper, zu ihren Gefühlen, zu Gegenständen (Umwelt), zu Raum und Zeit und zu Partnern neu erfahren zu können. Wahrnehmung, Deutung, Sprache, Assoziation und Erinnerung, bearbeitendes Gespräch und Probehandeln wechseln situativ ab« (Pokorny, Hochgerner & Cserny, 2001, S. 36).

4.1 Besonderheiten hinsichtlich des therapeutischen Raums und Rahmens

Es ist in der KBT üblich, ohne Straßenschuhe zu arbeiten. Im Idealfall wird, je nach Raumtemperatur *barfuß*, mit Socken oder Gymnastikschuhen mit dünner Sohle gearbeitet. Dies erleichtert das Wahrnehmen des Bodens, beispielsweise zur Sicherung und Entängstigung. Der *harte Boden der Realität* bietet Halt und Sicherheit, er gibt Widerstand, der Aufrichtung ermöglicht. Das Arbeiten ohne Schuhe ermöglicht außerdem die Wahrnehmung von Bewegungsabläufen der Füße, das Gehen ist natürlich (z. B. im Gegensatz zum Gehen in Schuhen mit hohen Absätzen). Ebenso ist ein Wechsel der Körperhaltung (z. B. hinlegen oder auf einen Stuhl steigen) jederzeit ohne Überlegungen hinsichtlich der Schuhe möglich.

4.1.1 Ausstattung der KBT-Räume

Es ist wichtig, dass die Patient*innen ausreichend *Platz* für die Angebote haben. Als Orientierung kann die Empfehlung angesehen werden, dass pro Person ca. 3–4 m^2 freier Platz im Raum sein sollen (Stolze, 1966).

In den meisten KBT-Arbeitsräumen gibt es *Stühle*. Häufig gibt es weitere verschiedene Sitz- und Liegegelegenheiten – Stühle, Hocker, Sitzbälle, Sitzkissen, Decken, Matten … Während es in den Anfängen der KBT noch üblich war, die Stunde im Liegen zu beginnen (Stolze, 1966), ist es heute üblich mit einer Gruppe im Kreis auf Stühlen sitzend oder im Gehen anzufangen. Das Einzelsetting wird meist im Sitzen begonnen, wobei die Patient*innen die Sitzgelegenheit für gewöhnlich zu Beginn der Stunde wählen. Im Sitzen zu beginnen, heißt auch, eine vertraute Haltung einzunehmen und kann damit zum Erleben von Sicherheit beitragen (Gräff, 2008).

Auffallend im Therapieraum sind weiters die verschiedenen Gegenstände, die in der KBT genutzt werden, wie beispielsweise Decken, Stäbe, Seile, Bälle und Naturmaterialien (▶ Kap. 4.7).

4.1.2 Den eigenen Platz finden

Zu Beginn einer KBT-Behandlung wird den Patient*innen meist angeboten, sich mit dem *Behandlungsraum* vertraut zu machen und sich mit allen Sinnen räumlich zu orientieren (Schmitz, 2016). Der Wahl des eigenen Platzes im Therapieraum wird in der KBT insofern Bedeutung zugemessen (Gräff, 2008), da sich damit wichtige Lebensfragen verbinden, wie beispielsweise:

- Habe ich meinen Platz im Leben gefunden?
- Wie viel Platz habe ich, wie viel Platz brauche ich?
- Wie viel Raum erlaube/nehme ich mir?
- Wie sicher ist mein Platz, wie gut sorge ich selbst für meine Sicherheit?
- Wähle ich mir meinen Platz (in der Gruppe) selbst oder nehme ich was übrigbleibt?

4.1.3 Zeitliche Struktur

Hinsichtlich des zeitlichen Rahmens haben sich die üblichen Zeiten für Psychotherapieeinheiten bewährt. So wird im Einzelsetting ca. 50 Minuten gearbeitet, für eine KBT-Gruppe werden für gewöhnlich 90 bis 120 Minuten veranschlagt.

KBT-Stunden sind unterteilt in einen *Handlungsteil*, in dem das Erleben im Vordergrund steht und einen *Gesprächsteil*, in dem der Schwerpunkt auf der verbalen Reflexion des Erfahrenen liegt. Diese strukturierte Aufteilung erleichtert, so Karin Schreiber-Willnow (2016), die therapeutische Ich-Spaltung. Auch Gerald Hüther und Ulrich Sachsse halten dazu fest: »Die Trennung der Therapie in einen Raum, in dem Regression und Pathologie sich kontrolliert reinszenieren können und der getrennt vom Raum der erwachsenen Arbeitsbeziehung bleibt, macht vielen Patienten die therapeutische Arbeit leichter« (2007, S. 176). Betont wird diese Aufteilung oftmals dadurch, dass Gruppenteilnehmer*innen nach dem erfahrungsorientierten Angebot zur verbalen Reflexion des Erlebten wieder im Stuhlkreis Platz nehmen und sich damit auch körperlich in eine andere Position bringen.

4.2 Angebote

In der Konzentrativen Bewegungstherapie wird nicht nach Manualen gearbeitet und es gibt auch keine vorgefertigten Übungen. Stolze beschrieb dieses Vorgehen so: wir »gestalten die ›Arbeitssituationen‹ [...] je nach dem, was wir vorfinden und was gerade jetzt zu *diesem* Patienten passt« (o.J., S. 98). Basierend auf der Wahrnehmung des Phänomens und den daraus entstehenden Arbeitshypothesen sowie den gemeinsam vereinbarten Therapiezielen machen wir *Angebote*.

4.2.1 Prinzip der freien Entscheidungsmöglichkeit

Im Begriff *Angebot* kommt ein wichtiger Teil unserer therapeutischen Haltung zum Ausdruck, da wir den Patient*innen damit die Möglichkeit eröffnen, diese Angebote so zu gestalten, wie es ihnen im Moment gerade entspricht. Das Angebot kann angenommen, abgelehnt oder umgestaltet werden. Es geht nicht darum, dass die Patient*innen Anweisungen ausführen, sondern darum, dass sie das, was sie bewegt, symbolisch handelnd zeigen und leibhaftig erleben (Stolze, 2005). Es gilt das »Prinzip der freien Entscheidungsmöglichkeit«, durch das Patient*innen in ihrer Autonomie gefördert werden (Pokorny et al., 2001).

> Angebot im Gruppensetting: Einige Minuten strukturierte Körperwahrnehmung im Gehen, Wahrnehmen der Füße, Bodenkontakt: »Wie geht es? Wie gehe ich?«, Wahrnehmen des vertrauten und *typischen* eigenen Gehens: »Wie ist meine Art zu gehen?«. Anschließend werden die Teilnehmenden aufgefordert, so wie ihr Vater und wie ihre Mutter zu gehen. In der anschließenden Reflexionsrunde berichtet eine Teilnehmerin, dass sie nicht ausprobieren wolle, wie ihr Vater zu gehen. Die gruppenleitende KBT-Therapeutin respektiert diese Entscheidung und exploriert gemeinsam mit der Teilnehmerin ihre Beweggründe. Die Patientin kann nun äußern, dass sie voll Wut auf ihren Vater ist und deutlich gespürt habe, dass sie nicht bereit sei, sich körperlich in ihn einzufühlen.

4.2.2 Inhalt und Ziel der Angebote

Angebote sind, so Sylvia Cserny und Ulrike Tempfli (1999), *Anleitungen zur Wahrnehmung*. Bei der Angebotsgestaltung gibt es eine Vielzahl von Möglichkeiten, z. B. Angebote zur Wahrnehmung des eigenen Körpers und der eigenen Bewegung (motorisch als auch die innere Bewegtheit), zur Wahrnehmung von Raum und Zeit oder von Gegenständen, zur Interaktion in der Gruppe oder mit dem*der Therapeut*in oder eine Gestaltung mit Gegenständen. Manche Angebote beginnen unvermittelt in der bereits eingenommenen Haltung, manche beginnen damit, dass zu einer bestimmten Bewegung (z. B. Gehen) aufgefordert wird. Das heißt, ein Angebot ist eine Aufforderung zu konkretem Handeln und Ausprobieren. Das Ziel ist dabei stets, die Sinnesqualitäten und den damit verbundenen emotionalen Bedeutungsgehalt wahrzunehmen, sowie die Inhalte kognitiv (Bilder, Gedanken, Vorstellungen) zu erfassen und in Worte zu fassen. Zentral ist dabei immer das konzentrative Wahrnehmen der eigenen Körperempfindungen, der Gedanken, Gefühle und Assoziationen, die dabei auftauchen, und der sprachliche Austausch darüber. Es gibt kein richtig oder falsch. Es geht weniger um die Aufgabe des Angebots und darum sie zu erfüllen, sondern darum, wie die Patient*innen mit dem Angebot umgehen, welche Gefühle, Körperresonanzen, Gedanken und Bilder auftauchen. Der Angebotscharakter bringt es auch mit sich, dass nicht zweifelsfrei vorhersagbar ist, wie sich ein Angebot entwickelt. Es ist ein Impuls, den die Patient*innen aufgreifen und weiterentwickeln (Brand, 1982). Die Tatsache, dass keine Leistung erbracht werden muss, dass es nicht darum geht, eine Aufgabe besonders gut oder schön zu machen, ist insbesondere für Menschen mit einer hohen Leistungsorientierung oft schwierig (Stolze, 1966).

Das Ziel der Angebote ist es, den Patient*innen eine *Erfahrung im Sinne von körperlichem Wahrnehmen und Erleben* zu ermöglichen (Hochgerner, 2021). Wie Gerhard Roth (2001 zitiert nach Paluselli, 2005) festhält, sind Einsicht und gute Vorsätze allein in der Psychotherapie kaum wirksam, denn sie aktiveren ausschließlich die Netzwerke des bewusstseinsfähigen kortico-hippocampalen Systems. Dieses hat aber nur geringen Einfluss auf das limbische Netzwerk, das unser Verhalten steuert. Emotionales Lernen läuft nach Roth subkortikal-implizit ab. Gleichzeitig geht es darum, dieses

Erleben und den damit verbundenen emotionalen Aufruhr auch in Worte zu fassen, statt in alte dysfunktionale Muster zu fallen (Schreiber-Willnow, 2016). Diese heute gut belegte Annahme findet sich auch bereits bei Elsa Gindler: »Alles Korrigieren von außen her hat wenig Wert. Es muß [sic!] eins mit dem andern so durchdacht, durchfühlt, mit den tausendfachen Vorkommnissen im Leben untrennbar verbunden werden, daß [sic!] es jeden Augenblick instinktiv ausgeführt wird« (1926, S. 230).

Bei der Anleitung werden die sinnliche, die emotionale und die kognitive Ebene angesprochen. KBT-Angebote umfassen Körperwahrnehmung, Körpererleben, nonverbale Symbolisierung und sprachliche Symbolisierung, um alle Funktionen des *Tetraeders des Begreifens* zu einem Ganzen zu verbinden. So versuchen wir »alle Äußerungen des Patienten, seien sie leiblicher oder sprachlicher Art so zu konkretisieren, dass der Patient (und auch der Therapeut!) sie in einem erlebten Geschehen begreifen kann« (Stolze, o. J., S. 98). Auch Thea Schönfelder (1982) hält dazu fest: »Ganz gleich, auf welcher Ebene der einzelne seine Erfahrungen gemacht hat: sie sollten zur Sprache gebracht werden« (S. 7).

Grundsätzlich sollen Angebote in größtmöglicher Offenheit formuliert werden, so dass sich für die Patient*innen möglichst viel Gestaltungsmöglichkeiten ergeben. Bei der konkreten Formulierung der Angebote spielt wiederum die Einschätzung der strukturellen Fähigkeiten der Patient*innen eine wichtige Rolle. So werden Angebote bei gut strukturierten Patient*innen möglichst offen formuliert, so dass die Patient*innen einen Freiraum zur Gestaltung haben. Bei weniger gut strukturierten Patient*innen ist es notwendig, eine klare Anleitung zur Verfügung zu stellen, also konkret anzusprechen, um so Differenzierung in der Wahrnehmung, im Erleben und im Ausdruck, zu fördern (Stolze, 2005; Schreiber-Willnow, 2016; Hofinger, 2021).

4.2.3 Widerstand

In jeder Psychotherapie, so auch in der KBT, gibt es Phänomene, die als Widerstand verstanden werden können, also Phänomene, die das Erreichen der Therapieziele erschweren. Wie in allen tiefenpsychologisch fundierten Methoden werden Widerstand und Abwehr in erster Linie als

Schutzfunktion verstanden (z.B. Schutz vor emotionaler Überflutung durch unbewusstes Material). Die Hinwendung zum Leib und zur konzentrativen Wahrnehmung der eigenen Leiblichkeit gefährdet oftmals bislang funktionierende Mechanismen der Verdrängung (Stolze, 1960; 1978). So ist beispielsweise durch den Handlungsteil eine Abwehr durch Rationalisierung weniger möglich. Die Patient*innen geben unbewusste Inhalte in ihrem Handeln preis, ohne es bewusst zu merken – es braucht hier einen sehr achtsamen therapeutischen Umgang, um die Patient*innen nicht zu schnell zu destabilisieren (Becker, 1983). Das Ablehnen eines Angebots kann nicht immer eindeutig der Abwehr zugeordnet werden, sondern kann nur individuell verstanden werden. Folgende Phänomene können im Einzelfall auf Widerstand hinweisen:

- Einschlafen
- Nicht-hören des Angebots
- Albernheit und Verspieltheit auch im Sinne des Agierens
- Missverstehen der KBT-Ziele im Sinne einer hohen Erwartung, sich zu entspannen und genießen zu wollen

Hinzu kommen aus der Tiefenpsychologie bekannte Widerstandsphänomene wie beispielsweise hartnäckige Idealisierungen, Vermeidung negativer Übertragungen und Sexualisierung als Abwehr prägenitaler Wünsche. Im Umgang mit Widerstand ist besonders das therapeutische Gespräch wichtig, da im Gespräch die Motive des Widerstandes durchgearbeitet werden können (Becker, 1983).

4.3 Die therapeutische Beziehung

Es gilt mittlerweile als empirisch bewiesen, dass Psychotherapie wirkt (z.B. Wampold, 2001). Ebenso gut empirisch belegt ist die Tatsache, dass die therapeutische Beziehung ein *zentraler Wirkfaktor* in der Psychotherapie ist (z.B. Grencavage & Norcross, 1990). Auch Veronika Pokorny, Markus

4.3 Die therapeutische Beziehung

Hochgerner und Sylvia Cserny (2001) beschreiben die »bejahende Beziehung unter den Bedingungen zwischenmenschlicher Achtung, Wertschätzung und Empathie, welche nach Situation stützend, fördernd oder konfrontierend ist« (S. 63) als Wirkfaktor in der KBT. Basierend auf den tiefenpsychologischen Grundlagen der KBT ist das Wissen um psychodynamische Gegebenheiten wie Übertragung und Gegenübertragung, Widerstand und Abwehr prägend für die Beziehungsgestaltung.

Der*Die KBT-Therapeut*in kann *Übertragungsobjekt* sein, er*sie ist aber auch *reales Objekt*, indem er*sie sich in Interaktionsangeboten, als *Wahrnehmungs- und Erfahrungsobjekt* zur Verfügung stellt und ein empathisches oder spiegelndes Gegenüber ist. Trotz dieser aktiven Mitgestaltung der Interaktion bleibt die therapeutische Haltung *partiell abstinent:* Zur Verfügung gestellt wird das, was therapeutisch sinnvoll und für die Erreichung der Therapieziele hilfreich ist (Schreiber-Willnow, 2016; Cserny & Tempfli, 1999). Die konkrete Ausgestaltung der therapeutischen Beziehung wird neben der Persönlichkeit der beteiligten Personen (Therapeut*in und Patient*in) maßgeblich von der Diagnostik beeinflusst. Insbesondere die Einschätzung der psychischen Struktur ist die Grundlage für die therapeutische Haltung und Position. Bei ausgeprägten strukturellen Defiziten ist es beispielsweise notwendig, dem*der Patient*in ein entwicklungsförderndes Gegenüber zu sein. Es geht in diesem Fall darum, sich bildlich hinter den*die Patient*in zu stellen, mit ihm*ihr gemeinsam auf die Probleme zu schauen. Unterstützung und Containing sind zentral, der*die Therapeut*in ist Hilfs-Ich, während auf Deutung weitgehend verzichtet wird. Eine weitere mögliche therapeutische Haltung ist es, sich neben den*die Patient*in zu stellen und gemeinsam im Sinne der geteilten Aufmerksamkeit, auf die Situation des*der Patient*in zu schauen und so die Reflexionsfähigkeit zu fördern. Bei höherem Strukturniveau ist es möglich, dem*der Patient*in ein konfrontierendes und spiegelndes Gegenüber zu sein (Rudolf, 2006).

Durch die gemeinsame Interaktion in den Angeboten sind Verwicklungen möglich. Eine gründliche Selbsterfahrung und regelmäßige Supervision helfen den Therapeut*innen persönliche Verstrickungen zu erkennen und zu reflektieren, welche eigenen Anteile eine Rolle spielen bzw. mit welchen Interaktionsangeboten der Patient*innen diese Verwicklungen in Zusammenhang stehen.

In einer Stunde biete ich Frau U. an, dass wir uns Rücken an Rücken auf den Boden setzen. Sie stimmt zu und wir setzen uns hin. Sehr schnell nimmt sie mit ihrem Rücken Kontakt auf, ich habe den Eindruck, sie lehnt sich stark an mich, ich müsse dagegenhalten. Ich erlebe den Kontakt als sehr anstrengend und die Patientin als fordernd. Während dem Angebot sprechen wir nicht. Nach dem Angebot erzählt sie in der Reflexion, dass sie mich als sehr schwer erlebt habe und es für sie schwierig gewesen sei, mein Gewicht zu tragen. Ich bin irritiert über diese Aussage, die so im Widerspruch zu meinem eigenen Erleben steht, aber gleichzeitig auch sehr verunsichert, da ich körperlich deutlich schwerer bin als die Patientin. Ich frage mich, ob ich tatsächlich zu schwer für sie war und bin daher gehemmt in der verbalen Bearbeitung. Erst im Anschluss an diese Stunde gelingt es mir mit Abstand zu reflektieren: Diese Verunsicherung, bezogen auf das Ansprechen meines Körpergewichts, ist ein Teil, der zu mir gehört. Die unterschiedliche Wahrnehmung der Situation im Sinne von »wer lehnt sich an wen an« gehört zum Beziehungsmuster der Patientin. In der folgenden Stunde greife ich das Angebot nochmals auf und wir lehnen uns nochmals aneinander, wobei ich die Patientin anleite, sehr differenziert auszuprobieren, sich mehr oder weniger anzulehnen und wahrzunehmen, ab welchem Punkt sie mich als Belastung erlebe.

Ganz ohne Verwicklungen ist Therapie, wie Schreiber-Willnow (2016) festhält, nicht möglich, da pathologische Beziehungsmuster nur so erkannt werden können. Evelyn Schmidt (2016a) beschreibt, dass sich durch die Angebote der KBT ein eher mütterliches Übertragungsfeld herstellt, denn KBT-Therapeut*innen »fördern die Eigenwahrnehmung, regen Eigenbewegungen an, begleiten in der Erfahrung und bieten einen haltenden Umgang mit schwierigen emotionalen Erfahrungen an« (S. 93). Dies muss stets sorgfältig reflektiert werden.

> Patient und Therapeut stehen bei der KBT wie bei anderen tiefenpsychologischen fundierten Verfahren in einem psychodynamisch hochgespannten Feld von Kampf und Flucht, von Gewährung und Versagung. Dazu kommt hier, daß [sic!] der Therapeut für den Patienten konkrete, leibhaftige Umwelt ist. Die Forderungen, die an ihn gestellt werden, gehen über das für psychotherapeutisches Arbeiten sonst übliche Wissen hinaus. Er muß [sic!] sich in der Einsicht, wie man

leibt und lebt selbst erfahren können und sich immer wieder dazu bereit machen. (Stolze, 1960, S. 47)

Mit anderen Worten: nur der*die *erfahrbereite* Therapeut*in kann in der KBT etwas bewirken (ebd.).

4.4 Konzentrative Wahrnehmung

»Das Wichtigste, was in der KBT angeboten werden kann, ist die Wahrnehmung seiner selbst.« (Schönfelder, 1982, S. 8).

> Nehmen Sie sich einige Minuten Zeit und erkunden Sie mit ihrer rechten Hand Ihre linke Schulter. Nutzen Sie Ihre Hand, um Ihre Schulter zu begreifen. Ertasten Sie die Form Ihrer Schulter, nehmen Sie wahr, wo sie Hartes oder Weiches ertasten können. Beobachten Sie, wie Ihre Schulter auf die Berührung reagiert, welche Art des Zugriffs und Erkundens vielleicht angenehm für Ihre Schulter ist, was Sie vielleicht als unangenehm erleben. Wenn Sie möchten, können Sie die Augen schließen, während Sie sich mit Ihrer Aufmerksamkeit Ihrer linken Schulter zuwenden. Registrieren Sie, welche Gefühle, Gedanken und Bilder dabei auftauchen.

Sofern Sie dieses Angebot angenommen haben und sich einige Minuten mit Ihrer Schulter befasst haben, sie leiblich begriffen haben, haben Sie auch eine Ahnung bekommen, was der Begriff der konzentrativen Wahrnehmung meint – es geht darum, *ganz bei der Sache zu sein*, im *Hier und Jetzt* sich in diesem Fall Ihrer Schulter zuzuwenden. Heidi Lechler (1982, S. 262) beschreibt dieses konzentrative Wahrnehmen als »con-zentrativ« im Sinne von »mit dem Zentrum«, also der eigenen Mitte, das Spüren und Empfinden dessen, was in mir in Bewegung ist, mit meinem eigensten Ich.
 Der Begriff *konzentrativ* beschreibt eine Haltung des Wahrnehmens und Spürens des Körpers, der Bewegung und von Sinneseindrücken. Im Ge-

gensatz zur Konzentration geht es nicht um ein angespanntes Fokussieren, sondern um ein *achtsames und entspanntes Fokussieren* (Schmidt, 2016a; Schreiber-Willnow, 2016; Becker, 1981). Das Entspannte bezieht sich dabei darauf, nicht zu verkrampfen und zu viel zu wollen, sondern zuzulassen, dass sich zeigen darf, was gerade da ist (Lechler, 1982), sich in seiner Subjektivität selbst zu erleben (Pokorny et al., 2001). Die Wahrnehmung soll dabei möglichst ohne Bewertung und Beurteilung erfolgen, inneres und äußeres Erleben sind gleichwertig. Entspannung kann auftreten, ist aber nicht das Ziel der konzentrativen Körperwahrnehmung, sondern oft geht es beispielsweise gerade darum Spannungszustände wahrzunehmen und zu verstehen, was dieses Phänomen bedeuten kann. Im Beispiel oben haben Sie vielleicht Verspannungen im Schulterbereich bemerkt. Es ist sinnvoll, bereits zu Beginn der Arbeit die Patient*innen darüber aufzuklären, dass es »nicht um Passivierung, sondern im Gegenteil um eine erhöhte Aktionsbereitschaft« (Stolze, 1966, S. 287) geht.

4.4.1 Wahrnehmung ist Sinnesempfindung und Erfahrung

»Die Wahrnehmung von Gefühlsqualitäten verbindet sich mit Inhalten der gegenwärtigen Lebenssituation oder/und aktualisiert längst vergangene, häufig unbewußte [sic!] Prozesse« (Schönfelder, 1982, S. 3). Wahrnehmung findet einerseits immer im Hier und Jetzt statt, andererseits aktiviert jede Wahrnehmung aber Gedächtnisinhalte. Nach Maurice Merleau-Ponty (1974) setzt sich *Wahrnehmung* aus *Sinnesempfindung* und der durch die subjektive Lebens- und Lerngeschichte erworbene *Erfahrung* zusammen. Antonio Damasio (2007) beschreibt, dass erinnerte Vorstellungsbilder vorübergehend die gleiche synchrone Aktivierung der neuronalen Entladungsmuster im Gehirn zeigen, wie die tatsächlich stattgefundene Situation und dass sie durch eine entsprechende körperliche Aktivierung ausgelöst werden können. Die Vorstellungsbilder (Erfahrungen im Sinne Merleau-Pontys) sind mit Empfindungen (Körpererleben und Gedanken, Wahrnehmen von Gefühlen) verbunden, die wesentlich unsere Entscheidungen beeinflussen. In der KBT wird durch das konzentrative Wahrnehmen und die Versprachlichung des Wahrgenommenen im Sinne des

4.4 Konzentrative Wahrnehmung

Tetraeders des Begreifens die Bewusstwerdung der körperlichen Empfindungen und damit verbundenen Bilder gefördert. Die Verknüpfungen von bestimmten Sinnesqualitäten und Erfahrungen und deren emotionaler Gehalt werden bewusst. Dieses Bewusstsein ist Voraussetzung dafür, dass über neue leibliche Erfahrungen in der Therapie belastende Vorstellungsbilder vom Körper und von der Umwelt verändert werden können (Schreiber-Willnow, 2016; Cserny & Tempfi, 1999; Paluselli, 2005; 2016).

Es geht darum, unbewusst verlaufende Vorgänge, Automatismen und Bewegungsmuster bewusst zu machen, die differenzierte Selbst- und Fremdwahrnehmung zu fördern, um so das Körpergefühl zu verbessern und mehr *Körperbewusstsein* zu entwickeln (Brand, 1982). Verschiedene Interventionen bei der Angebotsgestaltung unterstützen dieses Durchbrechen der Automatismen, wie beispielsweise

- Schließen der Augen
- Verschiedene Variationen, z. B. Verlangsamung oder Steigerung des Tempos, Spiel mit dem Bewegungsausmaß
- Förderung der Introspektion und Reflexion auf verschiedenen Ebenen durch gezielte Fragen (Paluselli, 2005; 2016)
- Ausreichend Zeit (Schönfelder, 1982)

Die Patient*innen erleben ihren Körper zu Beginn der Therapie häufig wie ein zu benutzendes Objekt. Durch das wiederholte konzentrative Wahrnehmen werden der eigene Körper und seine Funktionen zunehmend vertrauter. Es fällt leichter *im eigenen Körper anzukommen* und zu akzeptieren, wie er ist, anstatt ihn sorgenvoll oder ablehnend zu beurteilen. Das Verständnis für den eigenen Körper wird gefördert, die Patient*innen erfahren sich zunehmend als leibhaftiges Subjekt. Diese Arbeit am Körperschema und Körperbild unterstützt die Entwicklung der Ich-Identität. Die konzentrative Wahrnehmung des ganzen Körpers, gerade auch der gesunden Anteile, führt zur Ressourcenaktivierung (Pokorny et al., 2001; Meyer, 1961; Stolze, 1959; 1983). Die Anleitung zur differenzierten Sinneswahrnehmung fördert die differenzierte Wahrnehmung der eigenen Gefühle und führt zu einer Differenzierung im Denken (Cserny & Tempfli, 1999). Durch die konzentrative Selbst- und Objektwahrnehmung können korrigierende körperliche und emotionale Erfahrungen im Sinne eines Nachreifungsprozesses gemacht werden. Das bewusste Erleben von Emotionen und Affekten führt zu karthartischen Prozessen (Pokorny et al., 2001).

Das Schließen der Augen kann die Selbst- und Fremdwahrnehmung intensivieren, gleichzeitig aber auch Unsicherheit und Angst verstärken, da man *die Dinge nicht mehr im Blick hat*. Es ist daher wichtig, dass die Patient*innen wissen, dass sie selbst auch jederzeit entscheiden dürfen, die Augen wieder zu öffnen (Pokorny et al., 2001).

4.4.2 Aspekte der leiblichen Wahrnehmung

Viele Angebote basieren darauf, dass verschiedene Körperempfindungen miteinander verglichen werden: z. B. der Vergleich zwischen rechts und links, diesem Platz und jenem Platz, wenn ich mich einer Gestaltung zu- oder von ihr abwende ... (Schönfelder, 1982), und fördern die bereits erwähnte Differenzierung im Denken. Verschiedene Strukturen des Körpers ermöglichen es, in den Angeboten unterschiedliche Erfahrungen zu machen. So kann die Wahrnehmung des Skeletts, der harten *Knochen* mit ihrer Festigkeit die Erfahrung von Stabilität, Halt und Sicherheit unterstützen. Die Wahrnehmung der *Gelenke* macht die Verbundenheit der Körperteile und damit die Erfahrung des Körpers als Ganzes im Sinne der Kohärenz deutlich. Gleichzeitig fördert die Wahrnehmung der Gelenke die Wahrnehmung eigener Bewegungs- und Handlungsspielräume. Blockierungen und unterdrückte Impulse können so körperlich spürbar werden. Angebote zur *Muskulatur* sind oft mit der Erfahrung von Kraft verbunden. Die Wahrnehmung der *Körpergrenzen* durch die eigenen Hände, über den Boden oder mit Hilfe von Gegenständen dient der Wahrnehmung der eigenen Hülle und kann das Selbstgefühl stärken (Bayerl & Möller, 2016; Schwarze, 2016).

Barbara Bayerl und Christine Möller (2016) empfehlen bei den Angeboten zur strukturierten Körperwahrnehmung drei Aspekte zu berücksichtigen, um die Gefahr einer Überflutung mit schwierigen Gefühlen wie Angst, Scham, Hilflosigkeit oder sexueller Erregung zu minimieren. Diese Aspekte betreffen sowohl die Formulierung des konkreten Angebots als auch den Therapieverlauf. Sie geben an, dass es der Sicherheit dient,

4.4 Konzentrative Wahrnehmung

- zuerst Festes, dann Weiches wahrzunehmen,
- von außen nach innen zu arbeiten und
- bei Körperbereichen, die weit weg vom Herzen sind (sowohl körperlich als auch im übertragenen Sinn), anzufangen.

Die entwicklungspsychologisch relevanten Haltungen Liegen, Sitzen, Stehen und Gehen sowie die Veränderungen und Übergänge zwischen diesen Haltungen durch Gewichtsverlagerung, Drehung und Aufrichtung werden häufig in KBT-Angeboten aufgegriffen. Durch die konzentrative Aufmerksamkeit auf inneres und äußeres Erleben in diesen verschiedenen Körperpositionen im Kontakt mit sich und anderen, ist es möglich, einen Zugang zu frühen, oft vorsprachlichen Erfahrungsebenen zu erhalten (Bayerl & Möller, 2016; Hochgerner, 2021).

Liegen

Liegen ist die erste Erfahrung als Säugling in unser aller Leben. Sich im Therapieraum hinzulegen, kann regressive Prozesse einleiten, frühe Erfahrungen können ins Bewusstsein kommen (Schreiber-Willnow, 2016). Die liegende Position braucht einen sicheren Boden im doppelten Sinne – es muss ausreichend Vertrauen vorhanden sein, da im Liegen schnell das Gefühl entstehen kann, ausgeliefert und nicht handlungsfähig zu sein. Angebote im Liegen können einen Zugang zu frühen, oft vorsprachlichen Erfahrungsebenen öffnen. Insbesondere für Menschen mit traumatischen Erfahrungen oder strukturellen Defiziten kann das Liegen sehr bedrohlich sein, da sie nicht die Erfahrung eines sicheren Bodens in ihrem Leben gemacht haben.

Sitzen

Sitzen ist die Körperhaltung, die in unserem Alltag besonders viel Raum einnimmt (Gräff, 2008). Das eigene Sitzen im Hier und Jetzt wahrzunehmen, kann einerseits dazu beitragen, Erinnerungen zu wecken, und andererseits einen besseren Umgang mit dem eigenen Körper fördern (Schreiber-Willnow, 2016).

Stehen

Menschen, die in die Psychotherapie kommen, haben oft den *Boden unter ihren Füßen* verloren. Die Wahrnehmung des *harten Bodens der Realität* fördert oft schmerzlich den Realitätsbezug und kann gleichzeitig Sicherheit vermitteln. Die Wahrnehmung des eigenen Stehens, der eigenen Standhaftigkeit ist verbunden mit der Wahrnehmung der eigenen Füße (Gräff, 2008).

Gehen

»Um in Gang zu kommen, verlassen wir unseren Stand-Ort« (Gräff, 2008, S. 70): Im Gehen erleben wir das Lösen, verbunden mit Unsicherheit und das Wiederankommen am Boden. Die konzentrative Wahrnehmung des eigenen Gehens ermöglicht uns Zugang dazu zu bekommen, wie es uns *ergeht*, was in uns *vorgeht* und wo es Hindernisse und Blockaden gibt.

4.5 Bewegung

Für Kinder ist Bewegung Ausdruck der natürlichen Lebensfreude, sie haben Lust darauf, sich zu bewegen. Im Lauf des Lebens kann der Zugang zu dieser natürlichen Bewegungsfreude verloren gehen, das Funktionieren und Leisten-müssen tritt oft in den Vordergrund. Stolze, der der Methode den Namen *Konzentrative Bewegungstherapie* gab, hält 1966 selbst fest, dass der Begriff der *Bewegungstherapie* bei manchen Menschen Assoziationen in Richtung Sport oder Gymnastik auslösen, und dass dies in Folge bei manchen körperlich unsicheren Menschen zu Hemmungen und Abwehr führen könne. Eine Aufklärung, wie der Begriff *Bewegung* in der KBT verstanden wird, ist daher zu Beginn der therapeutischen Arbeit sinnvoll.

Bewegung meint in der KBT sowohl die äußere Bewegung des Körpers als auch die innere Bewegung der Gedanken und die emotionale Be-

4.5 Bewegung

wegtheit und das auf dem Weg sein im Sinne einer Entwicklung. »Zu den Inhalten des impliziten Gedächtnissystems gehören ja nicht nur Sinneswahrnehmungen, sondern ebenfalls Bewegungs- und Verhaltensmuster gemeinsam mit den gleichzeitig erlebten Affekten« (Paluselli, 2005, S. 196).

In der Therapie bietet der*die Therapeut*in an, bestimmte Bewegungen oder Bewegungsmuster auszuprobieren. Wichtig ist, dass es bei den Bewegungsangeboten nicht darum geht, *etwas auszuagieren* und damit Erinnerung zu verhindern, sondern das Handeln als besondere Form des Erinnerns zu nutzen und entsprechend zu reflektieren (Stolze, 1978). Denn: »In Bewegungsabläufen kann vieles unmittelbarer, leibhaftiger und realitätsgerechter erinnert werden als in verbalen Assoziationen auf der Couch« (Stolze, 1978, S. 127). Durch das Verbalisieren des Erlebten, wird eine umfassendere emotionale Beteiligung gefördert (Becker, 1981, 1982). Dies bedeutet aber auch, dass es ein sorgfältiges Abwägen braucht, ob es der richtige Zeitpunkt für ein Angebot ist oder damit vielmehr eine unangenehme Situation in der Therapie vermieden werden soll.

> Herr K. berichtet von beruflichen Problemen. Er ist selbstständig und hat zu wenig Kunden. Er fordert ein Angebot ein. Als ich ihn bitte, zuerst wahrzunehmen, wie es ihm im Moment geht, welche Gefühle und Körpersensationen spürbar werden, wenn er von dieser beruflichen Kränkung spricht, antwortet er, dass er lieber ein lösungsorientiertes Angebot machen wolle, vielleicht etwas mit den Gegenständen?

Das Durcharbeiten des psychophysischen Materials kann in der KBT durch das therapeutische Gespräch im Anschluss an den Handlungsteil aber auch durch das Tun im Angebot erfolgen (Lechler, 1982).

> Die Gruppenteilnehmer*innen werden eingeladen, sich mit dem Raum vertraut zu machen und sich dann den für sie im Moment besten Platz im Raum zu suchen und sich dort mit ihrer Decke niederzulassen. Frau P. faltet ihre Decke nicht ganz auseinander, nimmt sich damit nur wenig Raum. In der anschließenden verbalen Bearbeitung berichtet sie, dass sie genügsam sei und nur wenig Raum brauche, es sie aber irritiert habe, wieviel Raum die anderen sich zugestehen und dass sie selbst nur

relativ wenig des gesamten Raums dadurch bekomme. Im Verlauf der Bearbeitung erkennt sie, dass ihre Fähigkeit zur Genügsamkeit auch eine Möglichkeit ist, ihre Frustration über ihren kleinen Raum abzuwehren und dass es auch bei ihr den Wunsch nach mehr Raum gebe. Sie entschließt sich, ihre Decke auseinanderzufalten und auch mit den Personen neben ihr auszuhandeln, dass sie mehr Platz bekommt. Nach der Umgestaltung gibt sie an, dass sie nun mehr Luft bekomme, sich freier fühle. Gefragt nach Analogien dazu in ihrer Lebenssituation fallen ihr einige Beispiele aus ihrem Alltag ein – sie wolle sich nun auch in ihrer Familie mehr Raum (im Sinne von eigener Zeit) nehmen.

4.6 Berührung

»Eine Therapie, die den Körper und die Bewegung einbezieht, kann nicht ohne Berührung auskommen« (Schreiber-Willnow, 2016, S. 53). Berührung ist wichtiger Bestandteil der KBT. Damit ist sowohl die körperliche Berührung als auch das seelische Berührtsein gemeint. Berührung kann im direkten Körperkontakt erfolgen (z. B. Berührung mit der Hand am Schulterblatt oder Halten der Füße), durch Anleitung zur Selbstberührung (z. B. die eigenen Füße mit den Händen begreifen) oder durch Gegenstände, die als Abstandhalter dienen (z. B. Abrollen der Körpergrenzen mit einem Ball).

4.6.1 Grundlegendes zur Berührung

Das Tastsinnsystem ist das erste Sinnessystem, das der Embryo entwickelt. Die Haut ist unsere Körpergrenze und damit der Ort, an dem Grenzverletzungen erlebt werden, aber auch der Ort, wo Verbindung entsteht (Geuter, 2019). Bereits vor der Geburt machen wir intensive Berührungserfahrungen im Mutterleib. Noch bevor die inneren Organe alle ausgebildet sind und sich die weiteren Sinnessysteme entwickeln, kann der

Embryo bereits Berührungsreize wahrnehmen und darauf (zuerst noch reflexhaft) reagieren. So konnte beispielsweise gezeigt werden, dass bei Stress der Mutter, die fötale Selbstberührung des Gesichts überzufällig häufig stattfindet – vielleicht ist dies eine erste Strategie zur Selbstberuhigung durch Berührung (Grunwald, 2017). Bei Erwachsenen konnten Martin Grunwald, Thomas Weiss, Stephanie Mueller und Lysann Rall (2014) zeigen, dass Selbstberührungen dazu dienen, dass psychische Aktivierungspotenzial nach Irritationen wieder in Balance zu bringen.

Unsere ersten, überlebenswichtigen Beziehungserfahrungen finden maßgeblich über Körperkontakt statt. »Berührt zu werden und körperliche Nähe zu erfahren sind grundlegende Bedürfnisse. [...] In den ersten Lebenstagen können Berührung und körperliche Nähe das Überleben sichern, später den Unterschied zwischen seelischer und körperlicher Gesundheit und einem Leben mit Depressionen und körperlichen Gebrechen ausmachen« (Uvnäs Moberg, 2016, S. 1). Körperliche Erfahrungen, das körperliche Begreifen unserer Selbst durch Berührung, sind die Grundlage der Entwicklung des Kernselbstempfindens nach Daniel Stern (2010) und dem Ich-Bewusstsein nach Christian Scharfetter (2010). Donald Winnicott (2010) beschreibt, dass die psychische Integration des Ichs des Säuglings maßgeblich davon beeinflusst wird, ob die Mutter in der Lage ist das Kind körperlich zu halten (*holding function*) und zu pflegen (*handling*).

Kerstin Uvnäs Moberg (2016) hält fest, dass sich positive Effekte von Beratung verstärken, wenn eine helfende Person auch körperlich berührt. Seelische und körperliche Berührung und Berührtheit verstärken sich gegenseitig. Sogar die Berührung von unbelebten Gegenständen löst emotionale Vorgänge aus: So kann z.B. eine warme Tasse Tee in den Händen uns milder stimmen, während das Sitzen auf harten Stühlen unsere Empathie anderen gegenüber eher einschränkt (Grunwald, 2017).

4.6.2 Berührung in der Psychotherapie

In der Therapie begegnen uns immer wieder Menschen, die aufgrund ihrer Lebensgeschichte den heilsamen Kontakt zum eigenen Körper und zu den anderen Menschen verloren haben, die sich beispielsweise bei jeder Berührung angegriffen fühlen oder vom eigenen Schmerz ständig berührt sind. Das Ziel der Berührungsangebote ist es, ihnen neue (korrigierende) Erfahrungen und damit Empfindungen für sich selbst und in der Begegnung mit anderen zu ermöglichen (Schwarze, 2016).

»Vom Gehaltenwerden im Sinne Winnicotts kann der Patient nicht verbal überzeugt werden, sondern er muss es immer wieder konkret erfahren« (Dulz, 2004, S. 124). Nach Ulfried Geuter (2019) kann Berührung im therapeutischen Setting folgende Funktionen haben:

- Halt geben
- Schmerzen begrenzen
- Anbindung an die Wirklichkeit
- Reorientierung und Entängstigung
- Beruhigung
- Wahrnehmung eigener körperlicher Grenzen
- Affektmotorische Wiederbelebung einer Szene
- Ausdruck von etwas, das nicht in Worte gefasst werden kann
- Bindungsförderung
- In Kontakt kommen mit frühen Erfahrungen

Eine weitere wichtige Funktion der Berührung in der KBT sind Angebote zu zweit, bei denen es um die Erfahrung von Kraft und Widerstand geht, die Erfahrung von Vitalität (Schwarze, 2016).

Es gilt aber zu bedenken, dass Berührung nicht an sich eine bestimmte Funktion erfüllt, beispielsweise ist nicht jede Berührung immer beruhigend. »Berührung ist Kommunikation und braucht Kommunikation« (Pernstich, 2008, S. 50). Es ist notwendig, die Berührung mit Worten zu begleiten, um zu verstehen, wie die andere Person »Berührung erlebt, wie sie reagiert, welche Bedeutung sie der Berührung zuschreibt« (ebenda, S. 51). Gleichzeitig geht es aber nicht nur um ein Besprechen, sondern auch um ein körperliches Zuhören. Berührung ist ein *wechselseitiges affektives Erleben*, eingebettet in die Beziehung. Im Moment der Berührung sind wir in einem *körperlichen Dialog* und es ist spürbar, ob unser Gegenüber uns wohlwollend, gleichgültig oder innerlich abwesend oder sogar widerwillig und ablehnend berührt. Berührung ist nur dann hilfreich, wenn sie im Kontakt von allen Beteiligten als stimmig erlebt wird (Geuter, 2019).

»Bei der Berührung geht es um eine Hinwendung zum anderen; und zwar auf beiden Seiten, auf der Seite dessen, der berührt, wie auf der Seite dessen, der sich berühren lässt. Bleibt diese Aktivität des sich Hinwendens aus, oder ist die Hinwendung einseitig, bekommt die Berührung eine andere Qualität, der behandelte Körper wird zum Objekt, die Behandlung hinterlässt keine seelischen Spuren, wirkt nicht nach, jedenfalls nicht wie erwünscht« (Pernstich, 2011, S. 98 f.).

Es ist wichtig immer zu reflektieren, was die Intention der Berührung ist. Klar ist, dass die Motivation zur Berührung niemals narzisstische Bedürfnisse des*der Therapeut*in befriedigen soll, sondern immer sorgfältig überlegt wird, inwieweit eine Berührung in diesem Augenblick hilfreich sein kann (Geuter, 2019).

4.7 Die Verwendung von Gegenständen

In der Praxis von KBT-Therapeut*innen finden sich unterschiedlichste Gegenstände: Bälle, Seile, Stäbe, Decken, Sandsäckchen, Steine, Fundstücke aus der Natur, Alltagsgegenstände aller Art und vieles mehr. Diese Gegenstände werden in der Therapie auf unterschiedliche Art verwendet (Eulenpesch, 2016):

- *Realobjekte*, an denen konkrete sinnliche Erfahrungen gemacht werden können: z. B. zur Förderung der Differenzierung in der Wahrnehmung: Der Stab ist hart und lang, er ist größer als ich, er gibt nicht nach, er ist rund und glatt …
- *Hilfsmittel zur Selbstwahrnehmung:* Ich kann mich auf den Stab legen und so meine Wirbelsäule deutlich spüren.
- *Intermediärobjekt:* z. B. Körpergrenzen mit einem kurzen Stab abstreifen von Kopf bis Fuß
- *Bestandteil einer szenischen Gestaltung:* Gruppenteilnehmer*innen begegnen sich mit Stäben, nehmen über die Stäbe Kontakt miteinander auf.

- *Symbol:* z. B. ein kurzer Stab wird in einer Gestaltung der Ursprungsfamilie für den Vater genutzt, die Patientin berichtet, dass sie den Stab gewählt hat, da ihr Vater immer so glatt und rund und unnachgiebig gewesen sei.
- *Übergangsobjekt* im Sinne Winnicotts (2010): z. b. ein in der Stunde relevantes Symbol wird mit nach Hause genommen.

4.7.1 Gegenstände als Symbole

Wichtig ist, dass es bei den Gegenständen im Praxisraum nicht nur schöne Gegenstände gibt. Es braucht auch eklige, kaputte, erschreckende, hässliche Gegenstände, um ein breites Spektrum an Möglichkeiten abzudecken. Die individuelle Bedeutung der Gegenstände, die als Symbole genutzt werden, ist immer im Gespräch herauszuarbeiten. Die eigene Wahrnehmung oder vertraute Symbolik (z. B. Stein als Symbol für Schwere) können lediglich als Hinweis dienen, aber die *Deutungshoheit* der Symbole bleibt bei den Patient*innen.

Die Gestaltung mit Gegenständen ermöglicht eine *nonverbale Symbolisierung*. Eigene Bilder und Zuschreibungen können damit sichtbar gemacht werden, externalisiert werden. Gleichzeitig ist es eine Ausdrucksform des Unbewussten: Oft entdecken die Patient*innen in der Auseinandersetzung mit den gewählten Gegenständen Facetten, die stimmig und passend sind, aber anfangs nicht bewusst intendiert waren.

Seit einigen Stunden setzt sich Frau K. in der Therapie mit der Beziehung zu ihrer Mutter auseinander. In einer Stunde berichtet sie, dass es für sie schwer sei, sich ihrer Mutter anzuvertrauen, da sie diese, im Gegensatz zu früher, als nicht mehr belastbar erlebe. Die Mutter habe sich nach einem Schicksalsschlag verändert, sei nun sehr labil und kein klares Gegenüber mehr. Ich bitte sie, einen Gegenstand für ihre Mutter zu nehmen, der dafür stehe, wie sie sie heute erlebe. Sie nimmt für ihre Mutter heute eine Kugel aus Weidengeflecht, die sie als filigran und zerbrechlich beschreibt. In der Auseinandersetzung mit dem Gegenstand, im tatsächlichen *Begreifen* und *Angreifen* wird deutlich, dass der Gegenstand sehr stabil ist. Die Patientin überlegt daraufhin, ob ihre

4.7 Die Verwendung von Gegenständen

Mutter tatsächlich nicht mehr belastbar sei, oder ob das nur ihre Fantasie sei. Sie erkennt, dass sie selbst Hemmungen hat, ihre Mutter zu belasten und daher versucht diese zu schonen.

Durch die Symbolisierung wird für die Patient*innen *Distanzierung* möglich, sie können *von außen draufschauen*. Sie können sich der Gestaltung nähern, sich davon entfernen oder abwenden. Auch eine Bearbeitung der Gestaltung ist möglich und kann eine Veränderung der inneren Bilder anstoßen (Schreiber-Willnow, 2016).

Ein bekanntes Angebot in der KBT ist das *Gestalten eines Körperbildes.* Das Körperbild umfasst nach Frauke Besuden (1984 zitiert nach Schmidt, 2016) die bewusste Vorstellung vom Körper, wobei dazu reale als auch fantasierte Anteile gehören; die unbewusste Einstellung zum Körper und das Fremdbild, das Beobachter*innen wahrnehmen können. Die Gestaltung kann auf unterschiedliche Art und Weise erfolgen, beispielsweise mit Gegenständen oder mit Malen. Hierzu sei ein Angebot beispielhaft geschildert.

Das Angebot beginnt mit einer Anleitung zur strukturierten Körperwahrnehmung. Die Gruppenteilnehmer*innen werden eingeladen, ihren Körper mit den Händen zu begreifen, die unterschiedlichen Strukturen zu entdecken (hart, fest, weich, beweglich …). Im Anschluss wird im Liegen mit einer dicken Wollschnur der Körperumriss nachgelegt und die Teilnehmer*innen eingeladen in Verbindung mit der Erfahrung des Begreifens der Körperstrukturen den Umriss mit Gegenständen zu gestalten. Nach dem Gestalten mit den Gegenständen können die Teilnehmer*innen mit Abstand ihr so entstandenes Körperbild betrachten, sich annähern oder weiter weg gehen und dabei wahrnehmen, welche Assoziationen beim Betrachten auftauchen, welche Gefühle und welche Körperresonanzen spürbar werden. Nach einer Möglichkeit sich Notizen zu machen, berichten die Teilnehmer*innen in der Gruppe über ihre Erfahrungen, die im Austausch mit der Therapeutin nochmals verdichtet werden. Sofern es wichtig ist, können die Gestaltungen nochmals angepasst werden.

4.7.2 Gegenstände als Bestandteil einer szenischen Gestaltung

Die Gruppenteilnehmer*innen bewegen sich im Raum. In der Mitte steht ein Korb mit verschiedenen Gegenständen. Die Teilnehmer*innen sind eingeladen, sich dem Korb zu nähern und hineinzuschauen. Wer möchte, darf sich etwas aus dem Korb nehmen und damit weitergehen. Die meisten gehen neugierig zum Korb, manche greifen schnell zu, andere sind eher zögerlich und beobachten. Im Weiteren gebe ich folgende Anregungen: »Nehmen Sie wahr, wie das ist, wenn Sie sich etwas nehmen dürfen. Wie es ist, wenn die anderen etwas haben und Sie noch nicht. Vielleicht gibt es etwas, das Sie gerne hätten, aber schon jemand anderes genommen hat? Vielleicht haben Sie etwas genommen, was Sie jetzt gerne weitergeben möchten? Folgen Sie Ihren Impulsen, geben Sie Gegenstände weiter, wie Sie mögen. Entscheiden Sie, ob Sie einen Gegenstand annehmen möchten, der Ihnen angeboten wird. Wie ist das, wenn Sie etwas bekommen? ...« Es entwickelt sich ein spielerisches Weitergeben der Gegenstände, mit unterschiedlich aktiver Beteiligung. Frau M. wirkt zunehmend angespannt. Sie hat einen schwarzen Wollball, den sie gerne weitergeben möchte, aber niemand ist bereit ihr den Ball abzunehmen. In der anschließenden Bearbeitung erzählt sie, dass sie so froh war, als sie den Ball am Ende wieder in den Korb legen durfte. Sie wisse auch gar nicht mehr, wie sie zu diesem »grausigen Ding« gekommen sei. Sie habe deutlich gespürt, dass sie den Ball nicht wollte, aber sie traute sich nicht, ihn einfach wegzulegen oder fallen zu lassen. Auf die Frage, ob sie dieses Verhalten auch in ihrem Leben kenne, beginnt sie zu weinen. Sie erzählt, dass sie in ihrer Familie die Aufgabe habe, das Grab des gewalttätigen Vaters zu pflegen. Sie wolle diese Aufgabe nicht, aber alle ihrer sechs Geschwister lehnen es ab, dies zu übernehmen. Sie überlegt nun für sich, ob es vielleicht möglich sei, diese Aufgabe abzulegen und das Grab aufzulassen. Diese Idee ist für sie neu, sie hatte bis jetzt immer gedacht, sie müsse dafür sorgen, dass jemand statt ihr es übernimmt. Sie hört bei dieser Überlegung auf zu weinen, sitzt aufrechter, atmet freier. Einige Stunden später erzählt sie, dass sie das Grab aufgelassen habe.

4.8 Handlungsdialog und Interaktionsangebote

Die KBT-Therapeut*innen nutzen ihre (körperliche) Gegenübertragung auch in Bewegungsangeboten. So lassen sich viele Beziehungsmuster in der Bewegung erfahren und neue Möglichkeiten können ausprobiert werden.

Ich mache dem Patienten das Angebot, jeweils die rechte Hand aneinander zu legen und die Hände gemeinsam zu bewegen. Nach dem freien Bewegen lade ich ihn ein, die Führung zu übernehmen und kündige an, dass ich seiner Bewegung mit meiner Hand folge. Dabei ist es für mich schwierig, seiner Hand zu folgen und den Kontakt zu halten. Ich habe den Eindruck, dass er vor meiner Berührung zurückweicht. Ich bemühe mich sehr die Berührung aufrecht zu erhalten, dabei aber nicht die Führung zu übernehmen. Nach ein paar Minuten gibt es einen Wechsel. Ich übernehme die Führung. Jetzt ist der Kontakt der Hände deutlicher spürbar, er hält den Kontakt zu meiner Hand. Ich bin weniger angestrengt.

Anschließend erzählt er, dass es ihm schwergefallen sei, die Führung zu übernehmen, da er unsicher war, wie das für mich sei und was für mich in Ordnung sei. Er habe den Kontakt dadurch als sehr anstrengend erlebt. Wir können über diese Erfahrung besprechen, dass er in Beziehungen immer wieder dazu neigt, vorsichtig zu sein und sich wenig einzubringen und dass dies den Kontakt erschwert. Ich stelle ihm dafür auch mein Erleben zur Verfügung, teile ihm mit, dass es mich Mühe kostete, den Kontakt nicht zu verlieren, dass er für mich nur wenig spürbar war. Er erzählt, dass es nach dem Wechsel für ihn einfacher war, da er nur folgen musste, was ihm mehr Sicherheit gab.

KBT-Therapeut*innen stellen sich in der Einzeltherapie, anders als in der Gruppe, auch mit ihrer *Leiblichkeit* zur Verfügung. Sie sind in den Angeboten ein konkretes, leibliches Gegenüber. Dazu ist es unbedingt notwendig, dass der*die KBT-Therapeut*in in ausreichender Selbsterfahrung gelernt hat, achtsam mit seinem*ihrem Körper umzugehen und die Signale des Körpers zu verstehen. Auch eine Kenntnis der eigenen Beziehungsmuster ist notwendig (Schwarze, 2016a).

Renate Schwarze (2016a) unterscheidet vier Arten des Handlungsdialogs:

- die rituelle Berührung (z. b. Händedruck zur Begrüßung)
- die Spiegelung (das bewusste Einnehmen der Körperhaltung des*der Patient*in, um sich leiblich einzufühlen)
- das Körpergespräch im Abstand (z. B. Aushandeln der im Augenblick passenden Nähe bzw. Distanz)
- die direkte Berührung (z. B. zur Unterstützung der Wahrnehmung)

4.9 Die Bedeutung der Sprache in der KBT

Die Übersetzung von Sprechen ins Handeln und vom Handeln ins Sprechen ist in der KBT bedeutsam. Es geht darum, Angebote so zu formulieren, dass die Patient*innen und ihre Anliegen damit angesprochen werden. Im Gespräch und in der Angebotsgestaltung nutzen die KBT-Therapeut*innen gerne die Doppeldeutigkeit der Sprache, die sich durch eine Vielfalt *körperbezogener Metaphern* ausdrückt, um eine Verbindung zwischen der motorischen, leiblichen Ebene und der symbolischen Bedeutung zu finden. In unserer Sprache gibt es zahlreiche Metaphern und Begriffe, die sich auf den Körper beziehen. Zum Teil sind diese Begriffe und Wendungen so sehr zur Selbstverständlichkeit geworden, dass der Aspekt des Körpers nicht mehr bewusst wahrgenommen wird. In KBT-Angeboten wird durch spielerischen Umgang mit der Sprache dieser ursprünglich bildhaft-konkrete Wortsinn bzw. die Nebenbedeutungen von Worten und Begriffen wiederentdeckt. Dadurch können sowohl Zugänge zu Ressourcen gefunden werden als auch schmerzhafte, bisher verdrängte Erfahrungen, einer bewussten Bearbeitung zugänglich gemacht werden (Betker, 2016; Stolze, 1982, Schmidt 2016a).

Stolze (1982) empfiehlt bei den Angeboten mit *offenen Fragen* zu arbeiten, wobei das Ziel nicht darin besteht, dass die Menschen unmittelbar antworten, sondern dass durch die Fragen eine innere Aufmerksamkeitslenkung stattfindet. Das Sprechtempo beim Anleiten der Angebote steht in Zusammenhang mit der psychischen Struktur der Patient*innen. Lange Sprechpausen fördern die Reise in die Innenwelt, können aber vor allem bei strukturell schwachen Patient*innen ängstigend, verunsichernd und zu sehr regressions- oder depressionsfördernd wirken (Schmitz, 2016).

4.10 Die verbale Reflexion

Die verbale Reflexion des im Handlungsteil Erlebten, intensiviert es und fördert das *Durcharbeiten des psychophysischen Materials*. Die therapeutische Aufgabe ist hierbei, die Patient*innen im Gespräch zu begleiten, dass sie selbst *zur Einsicht kommen*. Hierfür reicht es manchmal schon zu wiederholen, was gerade geäußert wurde, manchmal braucht es auch das Anbieten der eigenen Wahrnehmungen (Lechler, 1982).

In der verbalen Reflexion der Angebote ist es im Gruppensetting für Patient*innen oft überraschend bis irritierend zu hören, welche unterschiedlichen Erfahrungen die anderen Gruppenteilnehmer*innen gemacht haben. Es hat sich bewährt, die Teilnehmer*innen vor dem verbalen Austausch ihre eigenen Erfahrungen notieren zu lassen, da durch das Hören der anderen auch wieder weitere Reflexionsprozesse angestoßen werden. Dies kann einerseits zu neuen Einsichten verhelfen, andererseits aber auch, vor allem bei strukturellen Defiziten, Verunsicherungen und Zweifeln an der eigenen Erfahrung auslösen. Die Gruppenleiter*innen erfahren erst in der verbalen Reflexion, was die Teilnehmer*innen erlebt haben und welche Assoziationen ausgelöst wurden (Lechler, 1982).

In Gruppen kann es für die Teilnehmer*innen hilfreich sein, von den anderen direkt Rückmeldungen zu bekommen, wobei die Therapeut*innen für eine entsprechende Moderation verantwortlich sind, damit die

Rückmeldungen verträglich und tatsächlich für den therapeutischen Prozess förderlich sind (Schreiber-Willnow, 2016).

Literatur

Bayerl, B. & Möller, C. (2016): Körperliche Selbsterfahrung. In: E. Schmidt (Hrsg.), *Konzentrative Bewegungstherapie*. Grundlagen und störungsspezifische Anwendung (S. 94–97). Stuttgart: Schattauer.

Becker, H. (1981). *Konzentrative Bewegungstherapie*. Integrationsversuch von Körperlichkeit und Handeln in den psychoanalytischen Prozeß. Stuttgart: Georg Thieme.

Becker, H. (1982). Konzentrative Bewegungstherapie (KBT). Ein nonverbales Psychotherapieverfahren zur Erweiterung der Indikation. In H. Stolze (Hrsg.), *Die Konzentrative Bewegungstherapie*. Grundlagen und Erfahrungen (S. 187–196). Berlin: Mensch und Leben.

Becker, H. (1983). Die Bedeutung des Widerstands in der Konzentrativen Bewegungstherapie. In H. Stolze (Hrsg.), *Die Konzentrative Bewegungstherapie*. Grundlagen und Erfahrungen (S. 203–209). Berlin: Mensch und Leben.

Betker, W. (2016): Sprechen und Handeln. In E. Schmidt (Hrsg.), *Konzentrative Bewegungstherapie. Grundlagen und störungsspezifische Anwendung* (S. 88–91). Stuttgart: Schattauer.

Brand, R. (1982). Eutonie und Konzentrative Bewegungstherapie. Ein Methodenvergleich. In H. Stolze (Hrsg.), *Die Konzentrative Bewegungstherapie*. Grundlagen und Erfahrungen (S. 197–202). Berlin: Mensch und Leben.

Cserny, S. & Tempfli, U. (1999). Die Wirkung von Körperinterventionen auf das psychische Geschehen und dessen Veränderung. In S. Cserny, & C. Paluselli (Hrsg. 2006), *Der Körper ist der Ort des psychischen Geschehens*. Grundlagenwissen der Konzentrativen Bewegungstherapie (S. 11–30). Würzburg: Königshausen & Neumann.

Damasio, A. (2007). *Ich fühle, also bin ich*. Die Entschlüsselung des Bewusstseins. Berlin: List.

Dulz, B. (2004). Psychoanalytisch fundierte Beziehungsarbeit. In U. Sachsse (Hrsg.), *Traumazentrierte Psychotherapie*. Theorie, Klinik und Praxis (S. 121–137). Stuttgart: Schattauer.

Eulenpesch, B. (2016): Gegenstände. In E. Schmidt (Hrsg.), Konzentrative Bewegungstherapie. Grundlagen und störungsspezifische Anwendung (S. 98–101). Stuttgart: Schattauer.

Gindler, E. (1926). Die Gymnastik des Berufsmenschen. In H. Stolze (Hrsg.), *Die Konzentrative Bewegungstherapie*. Grundlagen und Erfahrungen (S. 227–233). Berlin: Mensch und Leben.

Geuter, U. (2019). *Praxis Körperpsychotherapie.* 10 Prinzipien der Arbeit im therapeutischen Prozess. Berlin: Springer Verlag.

Gräff, C. (2008). *Konzentrative Bewegungstherapie in der Praxis.* Stuttgart: Klett-Cotta.

Grencevage, L. & Norcross, J. (1990). Where Art the Commonalities Among the Therapeutic Common Factors. *Professional Psychology: Research and Practice,* 21, 372–378.

Grunwald, M., Weiss, T., Mueller, S. & Rall, L. (2014). EEG changes caused by spontaneous facial self-touch may represent emotion regulating processes and working memory maintenance. *Brain Research,* 1557, 111–126.

Grunwald, M. (2017). *Homo Hapticus.* Warum wir ohne Tastsinn nicht leben können. München: Droemer.

Hochgerner, M. (2021). Konzentrative Bewegungstherapie. In: M. Hochgerner (Hrsg.), *Grundlagen der Psychotherapie.* Lehrbuch zum Psychotherapeutischen Propädeutikum (S. 150–157). Wien: facultas.

Hofinger, H. (2021). Strukturierte Körperarbeit in der psychotherapeutischen Behandlung von Persönlichkeitsstörungen. *Konzentrative Bewegungstherapie,* 52, 47–57.

Hüther, G., & Sachsse, U. (2007). Angst- und stressbedingte Störungen. Auf dem Weg zu einer neurobiologisch fundierten Psychotherapie. *Psychotherapeut,* 52, 166–179.

Lechler, H. (1982). Die Fundierung der Konzentrativen Bewegungstherapie in der »Bewegungsarbeit« Elsa Gindlers und ihre Weiterentwicklung. In H. Stolze (Hrsg.), Die Konzentrative Bewegungstherapie. Grundlagen und Erfahrungen (S. 260–277). Berlin: Mensch und Leben.

Merleau-Ponty, M. (1974). *Phänomenologie der Wahrnehmung.* Berlin: de Gruyter.

Meyer, J.-E. (1961). Konzentrative Entspannungsübungen nach Elsa Gindler und ihre Grundlagen. In H. Stolze (Hrsg.), *Die Konzentrative Bewegungstherapie.* Grundlagen und Erfahrungen (S. 50–59). Berlin: Mensch und Leben.

Paluselli, C. (2005). KBT im Licht der Neurowissenschaft. KBT als expliziter Zugang zu impliziten, unbewussten Gedächstnisinhalten. In S. Cserny & C. Paluselli (Hrsg. 2006). *Der Körper ist der Ort des psychischen Geschehens.* Grundlagenwissen der Konzentrativen Bewegungstherapie (S. 159–226). Würzburg: Königshausen & Neumann.

Paluselli, C. (2016). Auswirkungen der KBT auf neuronale Strukturen. In E. Schmidt (Hrsg.), *Konzentrative Bewegungstherapie.* Grundlagen und störungsspezifischen Anwendungen (S. 43–56). Stuttgart: Schattauer.

Pernstich, K. (2008). Berührung als Wirkfaktor in der (Wieder-)Aneignung von Selbst und Welt. *Psychoanalyse und Körper,* 7, 45–66.

Pernstich, K. (2011). Berührung und Affektregulierung oder Berührung als ein Beitrag zum Therapieziel mentalisierte Affektivität. *Konzentrative Bewegungstherapie,* 33, 96–106.

Pokorny, V., Hochgerner, M & Cserny, S. (2001). *Konzentrative Bewegungstherapie.* Von der körperorientierten Methode zum psychotherapeutischen Verfahren. Wien: Facultas.
Rudolf, G. (2006). *Strukturbezogene Psychotherapie.* Leitfaden zur psychodynamischen Therapie struktureller Störungen. Stuttgart: Schattauer.
Scharfetter, C. (2010). *Allgemeine Psychopathologie.* Stuttgart: Thieme.
Schmidt, E. (2016). Zur Bedeutung des Körperbildes. In E. Schmidt (Hrsg.), *Konzentrative Bewegungstherapie.* Grundlagen und störungsspezifische Anwendung (S. 3–20). Stuttgart: Schattauer.
Schmidt, E. (2016a). Konzentratives Spüren und Bewegen. In E. Schmidt (Hrsg.), *Konzentrative Bewegungstherapie.* Grundlagen und störungsspezifische Anwendung (S. 92–94). Stuttgart: Schattauer.
Schmitz, U. (2016): Raum und Zeit. In E. Schmidt (Hrsg.), *Konzentrative Bewegungstherapie.* Grundlagen und störungsspezifische Anwendung (S. 101–104). Stuttgart: Schattauer.
Schönfelder, T. (1982). Die therapeutischen Möglichkeiten der konzentrativen Bewegungstherapie. In H. Stolze (Hrsg.), *Die Konzentrative Bewegungstherapie.* Grundlagen und Erfahrungen (S. 3–9). Berlin: Mensch und Leben.
Schreiber-Willnow, K. (2016). *Konzentrative Bewegungstherapie.* München: Ernst Reinhard.
Schwarze, R. (2016). Berührung. In E. Schmidt. (Hrsg.), *Konzentrative Bewegungstherapie.* Grundlagen und störungsspezifische Anwendung (S. 112–117). Stuttgart: Schattauer.
Schwarze, R. (2016a). Einzeltherapie. In E. Schmidt (Hrsg.), *Konzentrative Bewegungstherapie.* Grundlagen und störungsspezifische Anwendung (S. 121–149). Stuttgart: Schattauer.
Stern, D. N. (2010). *Die Lebenserfahrung des Säuglings.* Stuttgart: Klett-Cotta.
Stolze, H. (o.J.). Der Tetraeder des Begreifens. Einführung in die Theorie und Praxis der Konzentrativen Bewegungstherapie. In B. Purschke-Heinz & R. Schwarze (Hrsg.) *KBT auf dem Weg.* Gedenkschrift für Helmuth Stolze, den Begründer der Konzentrativen Bewegungstherapie (S. 81–120). Telgte: Eigenverlag DAKBT.
Stolze, H. (1959). Zur Bedeutung von Erspüren und Bewegen für die Psychotherapie. In H. Stolze (Hrsg.), *Die Konzentrative Bewegungstherapie.* Grundlagen und Erfahrungen (S. 28–38). Berlin: Mensch und Leben.
Stolze, H (1960). Das Erspüren des eigenen Körpers als psychotherapeutisches Agens. In H. Stolze (Hrsg.), *Die Konzentrative Bewegungstherapie.* Grundlagen und Erfahrungen (S. 43–49). Berlin: Mensch und Leben.
Stolze, H. (1966). Die praktische Arbeit mit der Konzentrativen Bewegungstherapie. In H. Stolze (Hrsg.), *Die Konzentrative Bewegungstherapie.* Grundlagen und Erfahrungen (S. 285–309). Berlin: Mensch und Leben.
Stolze, H. (1978). »Agieren« und »Erinnern« in der Konzentrativen Bewegungstherapie. In H. Stolze (Hrsg.), *Die Konzentrative Bewegungstherapie.* Grundlagen und Erfahrungen (S. 121–131). Berlin: Mensch und Leben.

Stolze, H. (1982). Über die Verwendung der Worte zur Gestaltung von Arbeitsangeboten in der Konzentrativen Bewegungstherapie. In H. Stolze (Hrsg.), *Die Konzentrative Bewegungstherapie*. Grundlagen und Erfahrungen (S. 327–330). Berlin: Mensch und Leben.

Stolze, H. (1983). Konzentrative Bewegungstherapie als tiefenpsychologisch fundierte Psychotherapie. In H. Stolze (Hrsg.), *Die Konzentrative Bewegungstherapie*. Grundlagen und Erfahrungen (S. 211–220). Berlin: Mensch und Leben.

Uvnäs Moberg, K. (2016). *Oxytocin, das Hormon der Nähe*. Gesundheit – Wohlbefinden – Beziehung. Berlin: Springer.

Wampold, B.E. (2001). *The great psychotherapy debate*. Models, methods, and findings. London: Lawrence Erlbaum.

Winnicott, D.W. (2010). *Vom Spiel zur Kreativität*. Stuttgart: Klett-Cotta.

5 Fallbeispiel

Silvia Schüller Galambos und Maria Stippler-Korp

Frau U. kommt nach einem sechswöchigen stationären Aufenthalt aufgrund einer Anorexie zur weiteren Behandlung zu mir in die Praxis. Im Erstkontakt erlebe ich sie als sehr schüchtern. Sie hält kaum Blickkontakt, sondern schaut auf den Boden. Sie spricht sehr langsam und leise, überlegt lange zwischen den Sätzen. Immer wieder entstehen lange Pausen, ein *Nichts*, Sprachlosigkeit. Sie ist ca. 175 cm groß und sehr dünn. Ihre Haare sind kurz geschnitten, sie wirkt burschikos. Immer wieder legt sie die Arme um sich, hält sich selbst fest. Sie sagt, dass sie froh sei, die Praxis gleich gefunden zu haben, die Stadt würde sie verunsichern. Sie gibt an, es gehe ihr derzeit nicht schlecht, sie halte ihr Gewicht, sie sei aber nicht zufrieden. Sie habe das Gefühl, jetzt etwas verändern zu müssen. Ich habe das Gefühl, dass ich mich nicht bewegen darf, damit ich ja kein Wort versäume – ich sitze verspannt und höre angestrengt zu – so, als könnte sich ihre Anwesenheit verflüchtigen, sobald ich mich bewege.

5.1 Informationen aus der Anamnese

Frau U. kommt vom Land. Ihre Familie besitzt ein kleines Hotel, in dem die ganze Familie lebt. Frau U. ist dort aufgewachsen und wohnt immer noch dort, hat sich aber mittlerweile einige Zimmer zu einer eigenen kleinen, abgeschlossenen Wohneinheit umgebaut. Sie fühle sich dort wohl. Auch die Familie ihres Bruders, der verheiratet ist und Kinder hat, wohnt im gleichen Haus. Frau U. hat täglich, wenn auch kurze Kontakte mit ihrer Familie. Wichtig sei ihr auch eine Freundin ihrer Mutter, von der sie sich verstanden und gemocht fühle, auch wenn diese aufgrund ihrer eigenen Familie nur wenig Zeit für sie habe.

Ihre Kindheit ist geprägt durch das Aufwachsen im Hotel. Ihr Kinderzimmer sei zeitweise auch ein Hotelzimmer gewesen und in der Hochsaison vermietet worden. Es gab keine Abgrenzung zwischen dem Gästebereich und dem Bereich der Familie. Ihre Eltern hätten meist gearbeitet und wenig Zeit gehabt, das Wohl der Gäste stand im Vordergrund, die Familie musste zurückstecken.

Sie habe nur wenig soziale Kontakte außerhalb der Familie. Sie treffe sich alle paar Monate mit einer ehemaligen Arbeitskollegin zum Kaffee trinken und hin und wieder würde sie auch mit ihr telefonieren. Von ihr fühle sie sich verstanden, aber es gebe nicht viel zum Reden.

Im Dorf erlebe sie sich als Außenseiterin, weil es ihr keinen Spaß mache auf Veranstaltungen zu gehen oder sich am Dorfleben zu beteiligen. Andere Menschen seien ihr häufig unangenehm. Vor allem, wenn viele beisammen seien, fühle sie sich schnell überfordert und beobachtet. Ihr Vater sei der Mittelpunkt im Dorf und überall dabei, er sei eben ganz anders als sie. Die Familie unternehme kaum etwas gemeinsam. Das sei auch früher schon so gewesen, da der Familienbetrieb immer im Vordergrund gestanden habe. Manchmal gehe sie mit dem Vater auf den Berg, wobei sie sein Tempo nicht mithalten könne und dann immer allein hinterher gehe. Mit der Mutter zu wandern sei schöner, da sie dann zu zweit gehen würden. Am einfachsten sei es für sie aber allein zu gehen. Dazu könne sie sich aber nur selten aufraffen, deswegen sei sie auch oft mit sich selbst unzufrieden.

Sie habe einen handwerklichen Beruf, den sie gerne ausübe. Ihre Arbeitskollegen seien ausschließlich Männer. Die Kommunikation im Team sei für sie anstrengend. Sie habe das Gefühl eigenartig zu wirken, da ihr keine Gesprächsthemen einfallen würden. Sie wisse nicht, wie sie am besten damit umgehen solle. Sie schäme sich oft, weil sie nichts zur Unterhaltung beitragen könne. Bei ihr passiere ja nie etwas, sie gehe nie irgendwohin, sie sei immer zu Hause. Sie sei immer froh, wenn über Fußball gesprochen würde, weil sie das auch interessieren würde.

Abends gehe sie früh schlafen, esse davor noch eine Banane und zwei Stück Schokolade, ihre einzige Mahlzeit an den meisten Tagen. Sie wolle nicht in Gesellschaft essen, da sich da wohl jeder seine Gedanken machen würde, weil sie so wenig essen würde.

5.2 Diagnose, erste Arbeitshypothese und daraus abgeleitete Ziele

Zusätzlich zur Diagnose der Anorexie erfüllt die Patientin auch die Kriterien für eine Soziale Phobie.

Auffallend im Kontakt mit ihr ist, dass sie sich immer aus der Perspektive der anderen betrachtet. Sie denkt ständig darüber nach, was die anderen wohl über sie denken. Sie hat die Vorstellung, dass die anderen sich über sie lustig machen würden, das sei in der Schule schon so gewesen. Sie hat das Gefühl, sich für sich selbst schämen zu müssen. Eine tiefgreifende Verunsicherung ist spürbar, verbunden mit ihrer Frage »Bin ich richtig?«.

Körperlich zeigt sich, dass sie immer nur kleine Bewegungen macht und in ihrem Bewegungsausmaß deutlich gehemmt ist. Besonders markant ist eine Starre im Schulter-Nacken-Bereich, sie dreht den Kopf nicht, Bewegungen werden nicht zu Ende geführt.

Schon im Erstgespräch wird deutlich, dass sie wenige Worte für sich selbst und ihr inneres Erleben hat. So vermute ich, dass es in ihrer frühen Kindheit nur eine unzureichende emotionale Spiegelung gab, dass die Eltern nicht die entsprechenden Fähigkeiten oder nicht die Zeit hatten.

Es ist wichtig, dass sie die ständige Beurteilung ihrer selbst in richtig oder falsch hinter sich lassen kann. Dazu steht die Arbeit mit folgenden Fragen im Vordergrund: Wie ist es gerade für mich? Was empfinde ich? Wo spüre ich mich? Was ist meines? Es geht darum, dass sie sich selbst mit Interesse wohlwollend begegnet. Das Gefühl in sich selbst zu Hause zu sein soll gestärkt werden. Dazu gehört, dass sie wahrnehmen kann, was sie mag und was nicht und die entsprechenden Strategien entwickelt, um dies auch umzusetzen. Besonders wichtig dabei ist, dass sie lernt, sich ihrem Körper liebevoll zuzuwenden, ihn nicht zu instrumentalisieren und gut für sich als leibliches Wesen sorgt.

Meine erste Arbeitshypothese lautet, dass ihre Selbstwerdung als leibliche Person unterbrochen wurde. Dass zu wenig Aufmerksamkeit, Resonanz- und Spiegelungserleben dazu geführt haben, dass die Subjekt-Objekt-Trennung nicht ausreichend reifen konnte. So muss sie sich immer aus der Perspektive der anderen betrachten. Die Möglichkeit der Nachreifung und Entfaltung sollen in der Beziehung zu mir eröffnet werden. Das Stocken der Beweglichkeit des Kopfes, eine Bewegung die nicht zu Ende geführt wird, gibt Hinweise darauf, dass ein Prozess stockt oder abgebrochen wurde.

5.3 Zentrale Entwicklungsthemen in der Therapie

Im Folgenden werden zentrale Entwicklungsthemen und einige im Verlauf der Therapie dazu stattfindende Angebote beschrieben. Die Angebote sind dabei lediglich Beispiele für die einzelnen Themen und keine vollzählige Auflistung. Die Themen sind in chronologischer Reihenfolge genannt, wobei sie ineinandergreifen und sich die einzelnen Themen weder inhaltlich noch zeitlich klar trennen lassen.

5.3.1 Den eigenen Platz finden und gestalten

In einer der ersten Stunden bitte ich Frau U., den Therapieraum nochmals mit allen Sinnen wahrzunehmen und sich einen Platz im Raum zu suchen, der für sie in dieser Stunde besonders angenehm und sicher ist. Nachdem sie einen Platz gewählt hat, bitte ich sie, diesen Platz mit Gegenständen zu gestalten. Auffallend ist, dass die Gestaltung sehr karg bleibt. Frau U. hat sich einen Platz am Boden gesucht, in einer Ecke. Sie sitzt direkt an der Wand, es gibt keine Kissen, keine Decke, keine Gegenstände. Als ich nachfrage, was an diesem Platz gut sei, betont sie, dass sie nicht so viel brauche, um sich wohlzufühlen und dass sie sich durch die Position in der Ecke gut geschützt fühle. Sie habe mich im Blick und müsse nicht befürchten, dass hinter ihr etwas auftaucht. Auf die Frage nach körperlich auftauchenden Gefühlen kann sie mir keine Antwort geben. Es sei alles ok. Zum ersten Mal im Prozess formt sich in meinen Gedanken das Wort *karg*, das in der Folge immer wieder auftaucht. Im Gegensatz zu dieser Gestaltung beschreibt sie ihre Wohnung als gemütlich. Ihr Lieblingsplatz sei auf einer großen, weichen Couch mit vielen Decken. Ich frage mich, ob sie dieses Bedürfnis nach kuscheliger Gemütlichkeit im Therapieraum mit mir vielleicht nicht zeigen will, damit ich sie nicht in ihrer Bedürftigkeit sehe.

5.3.2 Differenzierte Selbstwahrnehmung – Worte finden für die innere und äußere Welt

In einer Stunde biete ich der Patientin an, einen Gegenstand als Symbol für sich selbst zu nehmen. Sie sieht sich lange um und wählt dann mit einer schnellen Bewegung ein Schneckenhaus, das sie ganz zu ihrem Körper hält. Sie sieht mich an und fragt: »Darf ich das?« Sie nimmt meine fragend zusammengezogenen Augenbrauen wahr und erklärt: »Weil ich mich auch immer so zurückziehe!« Ich frage nach, ob Rückzug für sie immer etwas Negatives sei, oder ob es nicht auch gute Seiten hätte. Als ihr nichts dazu einfällt, gebe ich ihr das Stichwort »Schutz« und in der Reaktion ist der Anflug eines Lächelns zu sehen. In der Folge versuche ich ihr deutlich zu machen, dass es bei solchen Angeboten nicht um Bewertungen geht, sondern wir der Frage »Wie ist es?« folgen. Deutlich wird bei diesem Angebot, so wie bei vielen Patient*innen in der ersten Phase der Therapie, dass sie kaum Worte findet, um das Schneckenhaus zu beschreiben oder ihre Resonanz darauf in Worte zu fassen. Mein Nachfragen bringt sie zusätzlich unter Druck, verstärkt ihre Sprachlosigkeit. Als ich diese Dynamik zwischen uns benenne, sinkt die Anspannung ein wenig und wir können noch ein gutes Ende für die Stunde finden. Die immer wieder auftretende Sprachlosigkeit bleibt aber ein zentrales Thema.

In einer der folgenden Stunden leite ich ein Angebot zur strukturierten Wahrnehmung der eigenen Füße im Stehen an. Sie soll zuerst mit ihrer

Aufmerksamkeit zu den Füßen gehen und wahrnehmen, was sie von ihren Füßen und vom Boden, auf dem sie steht, erfährt. Sie kann nur sagen, dass die Füße kalt sind. Auf meine Frage, was den Füßen jetzt guttun würde, zuckt sie ganz leicht die Schultern und schaut nach oben. Sprachlosigkeit. In der Folge lasse ich sie auf verschiedene Säckchen steigen, die sich sehr unterschiedlich anfühlen, wenn man draufsteigt. Am liebsten steigt sie auf das Säckchen mit den großen Bohnen. Auf die Frage, was sich verändert habe, kann sie nur sagen, dass die Füße etwas wärmer geworden sind. In der nächsten Stunde zeichne ich die Konturen ihrer Füße auf einem Blatt Papier nach und bitte sie, diese mit Farben anzumalen. Sie wählt ausschließlich Pastellfarben, aber mehrere verschiedene pro Fuß. Im Anschluss sammeln wir gemeinsam auf dem Papier mit dem Bild der Füße Wörter, die zur Beschreibung verschiedener Qualitäten und Empfindungen der Füße genutzt werden können. Sie nimmt das Blatt mit, um daheim noch weitere Worte zu suchen und zu überprüfen, welche Worte für ihre Füße passen könnten.

Da es ihr auch schwerfällt, über Erlebtes zu sprechen (z. B. habe sie am Wochenende »nichts« getan), bitte ich sie, zu Hause aufzuschreiben, was sie am Wochenende gemacht hat, die konkreten Tätigkeiten niederzuschreiben und auch festzuhalten, welche Gedanken und Gefühle dabei aufgetaucht sind. In der darauffolgenden Stunde besprechen wir, was sie aufgeschrieben hat. Sie nimmt sich diese Gesprächsthemen mit und setzt sie als Small Talk in der Arbeit ein.

Mit der Zeit fällt es ihr zunehmend leichter, sich in der Therapie auszudrücken und Worte für ihr tägliches Leben, aber auch ihre inneren Bewegungen zu finden.

5.3.3 Bewegungsspielraum und Handlungsfähigkeit

Das geringe Bewegungsausmaß von Frau U. fällt mir immer wieder auf und ich biete ihr in verschiedenen Stunden an, die Bewegungsmöglichkeiten ihres Körpers zu erkunden und wahrzunehmen.

Angebot zum differenzierten Wahrnehmen im Sitzen: Wie ist der Bewegungsraum meines Kopfes? Wie weit kann ich den Kopf drehen, heben und senken? Wie verändert sich damit mein Blick auf mich, auf mein

Gegenüber, auf die Welt? Wie erlebe ich diese Veränderungen, welche Resonanz gibt es dazu in mir? Frau U. bemerkt bei diesem Angebot, dass sie »wenig nach links und rechts schaue« und es am vertrautesten sei, den Blick gesenkt zu halten. Sie meint, dass sie sehr überrascht war, was sie im Sitzen alles entdecken konnte, als sie ihren Kopf hob und damit ihren Blick durch den Raum schweifen ließ. Es sei damit alles weiter geworden, auch im Brustkorb.

Angebot im Stehen: Ich lade sie ein, ihre Arme zu bewegen und die verschiedenen Bewegungsmöglichkeiten zu erkunden. Die Bewegungen sind klein und zögerlich, sie schaut mich hilfesuchend an. Ich stelle mich seitlich hinter sie und frage sie, ob ich ihren Arm anfassen darf, um ihn ein wenig bei der Entdeckungsaufgabe zu unterstützen. Mit ihrer Zustimmung umfasse ich einen Arm. Zuerst bewege ich ihn aktiv, zeige ihr das Bewegungsausmaß ihres Schultergelenks, ihres Ellenbogens, von kleinen Bewegungen zu immer größeren Bewegungen. Ich lasse den Arm los und bitte sie nachzuspüren, ob sich etwas verändert hätte und wie sich die beiden Arme im Vergleich anfühlen würden. Sie beschreibt mit einigen Sätzen ihr Empfinden. Dann fordere ich sie auf, ihren Arm selbst zu bewegen und begleite ihre Bewegungen. Im letzten Schritt löst sie sich aus meinen Händen, sie bewegt den Arm frei und nutzt nun das ganze Bewegungsausmaß. Am Ende berichtet sie, dass es sie Überwindung gekostet habe, so große Bewegungen zu machen, so viel Raum einzunehmen. Es sei für sie hilfreich gewesen, dass ich sie dabei unterstützt habe, sie habe sich dann auch getraut, so große Bewegungen zu machen. Das sei anstrengend gewesen, sie habe aber auch Freude darüber verspürt, was da alles möglich ist. Sie lächelt.

In der folgenden Stunde berichtet sie, dass sie sich bei einer Physiotherapeutin Termine geholt habe, denn ihr sei aufgefallen, dass sie starke Verspannungen im Nacken- und Schulterbereich habe, die ihr immer weh tun würden.

5.3.4 In die Eigenständigkeit kommen und sich lösen

Von Beginn an war es in der Therapie immer wieder wichtig, an den eigenen Füßen und dem Kontakt zum widerständigen und tragfähigen

Boden zu arbeiten. Dabei war sowohl die Eigenberührung, das *Begreifen* der Füße, die Darstellung (malen) der Füße und die Erfahrung des Stehens und der Verbindung von Füßen und Boden/Welt von Bedeutung.

Angebot im Stehen an der Wand: Ich lade Frau U. ein, wahrzunehmen, wie es ist, sich an die Wand zu lehnen und Halt zu erfahren. Sie schließt die Augen, nimmt wahr, dass die Wand kühl ist und sehr glatt, ihr Rücken fühle sich ganz gerade an und gebe Wärme an die Wand weiter. Ich lade sie ein, sich von der Wand zu lösen und ins Stehen zu kommen. Sie könne diese Bewegung so lange erkunden, wie sie möchte. Sie kommt in eine Pendelbewegung zwischen dem Angelehnt sein und der Eigenständigkeit. Die Phasen, in denen sie sich nicht anlehnt, werden zunehmend länger. Im Anschluss an das Angebot erzählt die Patientin, dass sie beim freien Stehen das Gefühl hatte, »mehr Luft zu bekommen« und bemerkt habe, dass sie gut alleine stehen könne.

5.4 Veränderungen im Alltag

Im Laufe der Therapie kann sie der Freundin ihrer Mutter gegenüber den Wunsch äußern, einmal im Monat etwas mit ihr zu unternehmen und mehr mit ihr in Kontakt zu sein. Sie spricht in Folge mit dieser immer häufiger über sich selbst, öffnet sich zusehends und benennt ihre Befindlichkeiten und Wünsche.

Der Geburtstag einer Cousine bereitet ihr zunächst großen Stress. Sie befürchtet, dass alle sie komisch ansehen würden, wenn sie kaum essen würde. Wir besprechen sehr konkret, wie sie sich verhalten und gut für sich selbst sorgen könne. Dabei sei es wichtig, zu sich selbst zu stehen und sich und die eigenen Bedürfnisse ernst zu nehmen. Nach der Geburtstagsfeier ist sie sehr stolz auf sich. Es sei ihr gelungen, Suppe und Salat mit den anderen gemeinsam zu essen, ohne sich komisch zu fühlen.

Sie kann während der ganzen Therapie ihr Gewicht gut halten und wiegt am Ende fast ein Kilo mehr.

5 Fallbeispiel

Gegen Ende der Therapie entscheidet sie, dass sie gerne eine Partnerschaft möchte und meldet sich bei einer entsprechenden Datingplattform an. Sie lernt nach einigen Wochen tatsächlich einen Mann kennen, mit dem sie einige Monate eine Beziehung führt.

6 Spezielle Settings

6.1 KBT im Einzelsetting – Ziehen an einem Strang

Ulrike Gritsch

Die Konzentrative Bewegungstherapie im Einzelsetting wird durch zwei Herausforderungen gekennzeichnet, die im folgenden Kapitel anhand einer reflektierten Fallsequenz veranschaulicht werden sollen.

Zum einen ist dies die KBT *typische Übersetzungsart zwischen Körper und Psyche*, deren theoretische Fundierung auf Helmuth Stolze (o.J.) zurückgeht. Im Gestaltkreis integriert er das Kinästhetische der KBT (Bewegen und Wahrnehmen) und das Verbale der Psychoanalyse (Denken und Sprechen) zu einer generellen Theorie des Begreifens. In KBT-Einzelstunden bewegt sich die Aufmerksamkeit von Therapeut*in und Klient*in auf allen möglichen Schleifen zwischen diesen Bereichen. Einmal wird die Aufmerksamkeit vom Wort zur begleitenden Bewegung oder Körpersensation geleitet, einmal ist der Ausgangspunkt eine Körperhaltung und der Weg führt über die Wahrnehmung zur Beschreibung und Bedeutungsfindung in diesem individuellen psychogenetischen Kontext.

Eine 28-jährige Patientin mit selbstunsicher-dependenten Zügen, sozialen Ängsten und einem mäßig integrierten Strukturniveau beschreibt in der mittleren Therapiephase ihre Angst vor längeren Gesprächspausen in der Kommunikation mit ihrem abwertenden Vater und Bekannten. Die Therapeutin schlägt ein Interaktionsangebot mit einem

Seil vor, mit dem sie herausfinden können, was genau die Patientin ängstigt. Die Patientin stimmt zu, und die Therapeutin bittet sie, ein Seil auszusuchen.

Zum anderen ist es die *Rolle der Therapeut*innen als aktiv Handelnde*, das therapeutische Geschehen Mitgestaltende, die diese Methode von anderen psychodynamischen Herangehensweisen unterscheidet. Die KBT war zunächst eine Gruppentherapie, in der für Interaktionsangebote die anderen Teilnehmer*innen zur Verfügung standen. Im Einzelsetting wurde diese Rolle von dem*der Therapeut*in übernommen. Dass »[...] sich die Therapeutin als Wahrnehmungs- und Erfahrungsobjekt zur Verfügung stellt [...]« (Cserny & Paluselli, 2006, S. 22), bedarf theoretischer Reflexion. In den letzten Jahren mehren sich psychoanalytische, entwicklungspsychologische und bindungstheoretische Konzepte, deren Fokus auf den interaktiven, interpersonellen Vorgängen im therapeutischen Einzelsetting liegt (z. B. Beebe & Lachmann, 2002; Stern, 2007). Diese eignen sich dazu, die Beziehungsgestaltung in der KBT noch besser zu erfassen.

Die Patientin nimmt das ganz oben liegende Seil, dreht sich zur Therapeutin und wartet, was diese tut. Die Therapeutin nimmt ebenfalls ein Seil und beginnt ihren Einfällen folgend das Seil zu knüllen, zu falten usw. Lange imitiert die Patientin das Verhalten der Therapeutin, bis sie auf die Idee kommt, sich mit Hilfe des Seiles zu dehnen und später den Rücken zu rubbeln. Nun spiegelt die Therapeutin das Verhalten der Klientin. Nach ein paar Minuten regt die Therapeutin eine Reflexionsrunde an.

6.1.1 Übersetzungsarbeit

Wenn Menschen psychotherapeutische Hilfe in Anspruch nehmen, tun sie dies, weil sie sich in ihren Verhaltens- und Empfindungsmöglichkeiten eingeschränkt fühlen. Die KBT versucht diese Schwierigkeiten durch ein passendes Angebot aufzugreifen und im Hier und Jetzt bearbeitbar zu machen. Stolze (o. J., S. 111) nennt diese Vorgehensweise »Übersetzungsarbeit« und Gräff empfiehlt dazu »[...] auftauchende Probleme, so schnell

6.1 KBT im Einzelsetting – Ziehen an einem Strang

und gut wie möglich auf die Handlungs- und Körperebene zu führen und dort zur Lösung zu bringen, [...]« (Gräff, 2008, S. 258). Nach Anders (2022) entwickeln KBT-Therapeut*innen »Übersetzungs-Kompetenz« und verknüpfen damit unter anderem phänomenologische Informationen über den*die Patient*in, Gegenübertragung, Wissen aus der Anamnese und den diagnostische Einschätzungen.

Wird das Fallbeispiel einer Analyse der verwendeten Methodik unterzogen, wird deutlich, dass die Therapeutin zwischen »Erfahrungs- und Arbeitsraum« (Schreiber-Willnow, 2016, S. 44 ff.) trennt: Der Gesprächssequenz folgt eine Wahrnehmungs- und Bewegungssequenz und wieder eine Gesprächssequenz. Sie regt zu einem »Spiel« (ebd.), zu einem »Handlungsdialog« mit einem Gegenstand an. Der Gegenstand wird als Realgegenstand eingesetzt, das heißt, er wird mit allen Sinnen wahrgenommen und auf seine Verwendungsmöglichkeiten hin ausgelotet. Dann wird er zum intermediären Objekt und dient als Vermittler zwischen Therapeutin und Patientin. (Gräff, 2008; Schreiber-Willnow, 2016). Ebenso gut hätte die Therapeutin eine Geste oder Körperhaltung der Patientin aus der Anfangserzählung aufgreifen, anstelle der Seile Stäbe oder Bälle verwenden oder einen nonverbalen Dialog Rücken an Rücken sitzend vorschlagen können.

Die Übersetzung des Anliegens in ein Angebot ist grundsätzlich vieldeutig und wird vom intersubjektiven Dialog zwischen Patienten*in und Therapeuten*in beeinflusst. Es stellt sich die Frage:

> Welchen selbstregulierenden Spielraum erbringt der Patient, und welche Fähigkeiten generieren dieser Therapeut und dieser Patient gemeinsam, um Zugang zu den selbstregulierenden Möglichkeiten zu finden und sie zu erweitern? Mit einem anderen Therapeuten könnte einem bestimmten Patienten ein ganz und gar anderer Aspekt eines selbstregulierenden Spielraums zugänglich gemacht werden. (Beebe & Lachmann, 2002, S. 141)

Was aus der Gruppentherapie bekannt ist, nämlich, dass verschiedene Paarungen von Teilnehmer*innen bei ein und derselben Person jeweils andere Handlungsmöglichkeiten, Ängste, oder Konflikte hervorbringen, gilt auch für therapeutische Beziehungen.

Die KBT-spezifische Übersetzungsarbeit kann nicht losgelöst vom intersubjektiven Dialog betrachtet werden. Egal wie eine Intervention gesetzt wird:

> Jeder Moment birgt das Potential in sich, Erwartungen von Wechselseitigkeit zu organisieren, von Intimität, Vertrauen, der Wiederherstellung der Unterbrechung und von Hoffnung – aber auch das Potential, rigide archaische Erwartungen abzulehnen und unbestätigt zu lassen. In jedem einzelnen Augenblick tragen Analytiker und Patient signifikant zu dieser Organisation bei. (ebd., S. 229)

Daraus folgt, dass die Übersetzungsarbeit Teil eines »ko-kreierten Prozesses« (Stern, 2007, S. 165) ist und als etwas gemeinsam Geschaffenes gedacht werden muss.

6.1.2 Interpersonelle Regulierung

Interpersonelle Regulationsmechanismen wirken in jedem Moment einer Therapiestunde. Jeder Mensch automatisiert, noch bevor er zu sprechen lernt, Beziehungsmuster und Regulationsmechanismen, die dann im Verlauf des weiteren Lebens zum impliziten Beziehungswissen werden. Diese Regulationsmechanismen beeinflussen das Nervensystem, während es sich formt (Siegel, 2010). Sie werden automatisiert, sind deshalb eher nicht bewusst und grundsätzlich leichter veränderbar als traumatische Muster. Sie werden präsymbolisch gespeichert, weshalb sie verbal schwer zugänglich sind (Stern, 2007).

Menschen streben nach Vertrautheit, Zugehörigkeit und Nähe. Im gelingenden intersubjektiven Dialog erlebt sich einer dem anderen nahe und zugehörig. Wenn der Austausch zu großen Unstimmigkeiten führt oder nicht möglich ist, bewirkt er das Gefühl der Einsamkeit und die Angst vor dem Alleinsein wächst. Deshalb überprüfen und regulieren Menschen implizit oder explizit unablässig den Zustand der Beziehung, u. a. indem sie sich über ihre Gefühle und Erwartungen, die aktuelle Beziehung betreffend, austauschen. Egal ob dadurch Übereinstimmung oder Abweichungen offensichtlich werden, dieser Austausch schafft Sicherheit, im besten Fall Nähe und Intimität.

> Zunächst erscheint die Beziehung zwischen Patientin und Therapeutin ausreichend sicher, sodass sich die Patientin an ein beschämendes, für sie schwieriges Thema heranwagt und einem Handlungsangebot zustimmt.

Solange sich beide in Sicherheit wiegen, ist »die Vergangenheit phänomenologisch stumm« (Stern, 2007, S. 210), Dialog und Austausch florieren. Ist eine*r der beiden so stark verunsichert, dass er*sie sich nicht mehr intrapsychisch regulieren kann, wird er*sie darauf mit verstärkter Kontrolle der Beziehung reagieren. Dann tendieren beide zur »interaktiven Vigilanz« (Beebe & Lachmann, 2002). Die Therapie wird mühsam.

Durch die Aufforderung, das Seil wahrzunehmen und mit ihm umzugehen, verengt sich der Erfahrungs- und Handlungshorizont der Patientin. Sie hat gelernt, nichts falsch machen zu dürfen. Wie in Gesprächen, wartet sie ab, was vom Gegenüber kommt, reguliert also interpersonell. Die Therapeutin, die die Beziehung mitregulieren will, indem sie sich ihrerseits ein Seil nimmt, um die Patientin nicht durch ihre Beobachtung zu bedrängen, funktioniert nun als Rollenmodell. Dies führt zu einer selbstfürsorglichen Handlung der Patientin, der Dehnung des Schulterbereichs.

Eine andere Form der Regulierung entsteht, wenn Affekte ohne den*die andere*n über- bzw. unterreguliert werden, dann geht dies auf Kosten der »interaktiven Empfindsamkeit« (ebd.). Es kommt zu Missverständnissen und Fehlabstimmungen. Nach Stern (2010) erzwingt das Implizite nun eine Verbalisierung. »Die klinische Frage lautet nicht, weshalb es zu einem solchen Missverständnis kam; interessant ist vielmehr, wohin es uns *jetzt* führen kann« (Stern, 2010, S. 230).

Nach einer weiteren Phase der Untätigkeit der Patientin, ist auch die Therapeutin verunsichert. In ihr machen sich Einfallslosigkeit, Ärger und Selbstzweifel breit. Sie weiß nicht, ob sie mit dem Angebot die Klientin erreichen kann, und bietet deshalb eine Gesprächssequenz an. Über das Besprechen des Erlebten soll wieder mehr Nähe hergestellt werden.

6.1.3 Interpersonelle Regulierung und Übersetzungsarbeit

In der KBT wird der therapeutische Fokus auf das Bearbeiten von Erwartungen und Ängsten die reale Beziehung betreffend gelegt. Im Hier und Jetzt passiert jene therapeutisch wünschenswerte Veränderung, die auf gelebter Erfahrung beruht. Für eine gelingende Psychotherapie entscheidend »sind die vielen unzähligen Situationen und Mikrointeraktionen, in denen der Analytiker auf eine wohltuende und heilende Art mit dem Patienten und seinen Affekten umgeht. Diese werden kumulativ introjiziert und führen auf einer tiefen affektiven Ebene im prozeduralen oder impliziten Gedächtnissystem zu einem neuen »impliziten Beziehungswissen« (Bettighofer, 2007, S. 64 f.). Es geht also nicht um die einmalige *richtige* Übersetzung des Anliegens der Patient*innen, sondern um einen Prozess, in dem laufend neue szenische Informationen aufgegriffen werden. Das KBT-Angebot, aber auch jede verbale Intervention, wird abgewandelt und angepasst, um einen gelingenden, beide sichernden intersubjektiven Dialog (wieder) herzustellen.

> Die Patientin berichtet, dass ihr »langweilig« war und sie nicht wisse, was das mit Beziehung und Gesprächspausen zu tun haben solle. Die Therapeutin ist froh, dass die ansonsten aggressionsgehemmte Patientin sich ärgerlich zeigt. Sie wiederholt mit der Patientin die Schritte, die die Patientin unternommen hat, und gibt dem Ärger Raum, bis sich ein entspanntes Gefühl zwischen den beiden einstellt.

Gelingende Momente wechseln sich ab mit Momenten, in denen die Stimmung zwischen Therapeut*in und Patient*in kippt. Nicht gelingende Regulationen sind bedeutend, weil sie Einblick in Ängste, Einsamkeit und die Biografie eines Menschen ermöglichen. Wichtig ist, dass der*die Therapeut*in diese Momente nicht scheut, auch wenn er*sie gerade nicht weiter weiß oder dadurch aus der Bahn gerät. Nach Stern (2007) führen nur beide gemeinsam zu Erweiterungen im Verhalten und Fühlen der Patient*innen. Er bezeichnet den Prozess des Sich-Vorantastens über gelingende und nicht gelingende Regulationen hin zu die Spannung lösenden Begegnungsmomenten (Jetzt-Momente) als »moving along« (Stern,

2007, S.157). Moving along bedeutet, darauf zu vertrauen, dass sich im Dran-Bleiben die Lösung ergeben wird.

Im Sinne dieser Überlegungen schlägt die Therapeutin eine weitere Erfahrungssequenz vor: Zu zweit – mit einem Seil – in Kontakt kommen. Analog zur ersten Sequenz hält die Patientin ihr Ende des Seiles fest und wartet bis die Therapeutin einen Input gibt. Nach einer Weile, in der »nichts« geschieht, entsteht eine Balance zwischen den beiden. Sie halten sich gegenseitig am Seil und wiegen leicht vor und zurück. Als die Therapeutin die Patientin anregt, wahrzunehmen, ob sie mit Gewicht oder mit Kraft arbeitet, möchte die Patientin (genervt?) wissen, warum das wichtig sei? Die Therapeutin fühlt sich überrumpelt, angegriffen und weiß darauf keine Antwort. Nach Beendigung des Erfahrungsteiles sprechen sie über das Erlebte.

Geht die interpersonelle Verunsicherung von dem*der Therapeuten*in aus, kann es sein, dass der*die Patient*in in der Therapiemotivation gebremst wird. Auch hier gilt, dass das Mitteilen der Verunsicherung zumeist zu einer Stabilisierung der Beziehung führt, während Unbenanntes zu Therapieabbrüchen führen kann.

Die Patientin kann nicht sagen, wie sie das Halten und Gehalten-Werden empfunden hat oder welche Situationen sie damit verbindet. Die Therapeutin formuliert, dass es sie traurig macht, dass die Patientin diesen Moment nicht mit ihr geteilt hat. Da wird die Patientin traurig, weint still und nach einer Weile erzählt sie, dass sie ihren suizidgefährdeten Vater am Leben habe halten müssen.

Deregulierte Momente können zu einer korrigierenden Beziehungserfahrung führen, indem sie klassisch psychoanalytisch gedeutet werden. Oder die damit einhergehenden Ängste führen zu einer unkonventionellen, die Unsicherheit zulassenden, authentischen Reaktion des*der Therapeut*in, die das intersubjektive Feld neu zu ordnen vermag. Was dann zwischen Patient*in und Therapeut*in entsteht, ist von emotionaler Nähe und Verbundenheit gekennzeichnet, die nicht in Worte gefasst werden müssen. Werden solche bedeutenden Momente erlebt, sollen sie zunächst nicht versprachlicht werden, da dies den Fluss des Erlebens unterbrechen würde. Nachträglich kann es wichtig sein, die sich in der Gegenwart wiederholenden Muster aus der Vergangenheit zu beschreiben.

6.1.4 Schluss

Mit Bewegung meint die konzentrative Bewegungstherapie unter anderem ein *Auf-dem-Weg-sein*, ein Üben ohne Übungen, ein Probieren, Entscheiden und, wenn notwendig, Umentscheiden und bezieht dies hauptsächlich auf Patient*innen. Der interpersonelle Blickwinkel, genauer Sterns (2007) »moving along«, gesteht das *Sich-auf-den-Weg-machen* auch Therapeut*innen zu und fundiert dadurch theoretisch schon lange Praktiziertes in der KBT.

Literatur

Anders, S. (2022). KBT-therapeutisches Handeln begreifen oder Wie kommt das Angebot in die Therapeutin? Erste Schritte in einem qualitativen Forschungsprozess mit der Reflexive Grounded Theory. *Zeitschrift für Konzentrative Bewegungstherapie.* 53, 69–76.
Beebe, B. & Lachmann, F. M. (2002). *Säuglingsforschung in der Psychotherapie Erwachsener.* Wie interaktive Prozesse entstehen und zu Veränderungen führen. Stuttgart: Klett-Cotta.
Bettighofer, S. (2007). Die interaktionelle Übertragungs-Analyse. In P. Geißler & G. Heisterkamp (Hrsg.), *Psychoanalyse der Lebensbewegungen.* Zum körperlichen Geschehen in der psychoanalytischen Therapie (S. 59–82). Wien: Springer.
Cserny, S. & Paluselli, C. (2006). *Der Körper ist der Ort des psychischen Geschehens.* Grundlagenwissen der Konzentrativen Bewegungstherapie. Würzburg: Königshausen & Neumann
Gräff, C. (2008). *Konzentrative Bewegungstherapie in der Praxis.* Stuttgart: Klett-Cotta.
Schreiber-Willnow, K. (2016). *Konzentrative Bewegungstherapie.* München: Ernst Reinhardt.
Siegel, D. (2010). *Wie wir werden, die wir sind.* Neurobiologische Grundlagen subjektiven Erlebens & die Entwicklung des Menschen in Beziehungen. Paderborn: Junfermann Verlag.
Stern, D. (2007). *Der Gegenwartsmoment.* Veränderungsprozesse in Psychoanalyse, Psychotherapie und Alltag. Frankfurt am Main: Brandes & Apsel.

Stolze, H. (o.J.): Der Tetraeder des Begreifens. In B. Purschke-Heinz & R. Schwarze (Hrsg.). *KBT auf dem Weg*. Gedenkschrift für Helmuth Stolze, den Begründer der Konzentrativen Bewegungstherapie (S. 81–119). Telgte: DAKBT e. V.

6.2 KBT als Gruppentherapie

Karin Schreiber-Willnow

Schon Elsa Gindler hat vor allem in Gruppen gearbeitet (Schreiber-Willnow, 2016). In Kliniken in Deutschland und Österreich ist die Behandlung in Gruppen weit verbreitet, auch ambulante Behandlungen finden in Gruppen statt, ebenso die Selbsterfahrung und Weiterbildung. Grundgedanken der Gruppendynamik sowie des Umgangs miteinander stammen aus der psychodynamischen Gruppentherapie. Wegen des leiblichen Zugangs der KBT müssen einige Besonderheiten beachtet werden. In der Fallvignette werden spezielle Aspekte des KBT-Gruppengeschehens sichtbar, die im Folgenden in zehn Abschnitten näher erläutert werden. Abschließend wird das Vorgehen in den verschiedenen Phasen des Gruppenprozesses beleuchtet.

Eine Gruppe in der psychosomatischen Klinik ist schon einige Zeit zusammen und hat einen intensiven Prozess durchlebt. Die Patient*innen sind erfahrbereit, so dass ich ein spielerisch gestalterisches Gruppenangebot mache: »Ich lade Sie ein, zusammen ein *Gruppenhaus* mit den Materialien zu bauen, dass so groß ist, dass Sie sich alle darin niederlassen können.« Nach einem ersten Zögern beginnt eine Bauphase, in der verschiedene Rollen übernommen werden. Einer wird der Ideengeber, zwei holen verschiedenes Baumaterial, eine ist die Kritikerin, die alle Pläne anzweifelt, eine steht scheinbar unbeteiligt daneben. Zwei andere vertiefen sich in das Durchsuchen der Schränke und Körbe. Nachdem es nicht gelingt, ein Zelt aufzurichten, nehmen sie große Schaumstoffklötze und bauen damit den Grundriss eines rechteckigen

Raumes. Als Dach werden große Tücher und Decken über die ca. ein Meter hohen Wände gehängt. Sitzkissen vervollständigen die Einrichtung. Durch die offene Vorderseite kriechen die Gruppenmitglieder in das Bauwerk, setzen sich und es wird langsam still. Nur Frau A. steht wie erstarrt in größerem Abstand vor dem Haus, die anderen bitten sie hineinzukommen, aber sie lehnt ab. Sie schaut auf den Eingang, aus ihrer Perspektive sieht es aus wie eine Höhle. Ich stelle mich neben sie und spüre Schrecken und Entsetzen. Ich frage sie, ob ich meine Hand auf ihren Rücken legen darf. Sie erlaubt es und für eine lange Zeit halte ich sie am Rücken. Ich merke, wie sich ihre Erstarrung langsam löst und sie sich vorsichtig gegen meine Hand lehnt. Noch immer wortlos stehen wir da. Den anderen ist es inzwischen in ihrem Haus unbehaglich geworden: es ist zu warm, zu eng und zu dunkel. Aber sie warten noch auf die Erlaubnis herauskommen zu dürfen. Als ich es anspreche, kommt einer nach dem anderen heraus und sie finden sich nach einer kurzen Bewegungsphase zu einer Gesprächsrunde zusammen.

Was war passiert? Frau A. hatte sich auf einmal in den Luftschutzbunker ihrer Kindheit zurückversetzt gefühlt, eng, dunkel, erstarrt und alleingelassen mit ihren Ängsten. Hier und jetzt habe ich sie berührt, bin bei ihr gewesen und habe sie bestätigt in ihrer Verweigerung, da hinein gehen zu müssen. Die Gruppe hat etwas von dem Unbehagen mitbekommen und ihr Spiel unterbrochen. Jetzt bildet sie einen schützenden Raum um Frau A., deren Tränen fließen. Mit der Erzählung dieser Erinnerung löst sich die Spannung in ihrem Körper. In der nächsten Stunde berichtet sie, dass sie meine Hand noch den ganzen Tag warm auf ihrem Rücken gespürt und sich erstmals in der Gruppe aufgehoben gefühlt habe.

6.2.1 Zehn Aspekte des Gruppengeschehens

1. Das *KBT-Angebot:* Die Gruppenstunde beginnt in der Regel mit einer Phase des Erspürens und Benennens der aktuellen leiblichen Befindlichkeit. Mit Hilfe ihrer eigenen körperlichen Gegenübertragung formuliert der*die Gruppentherapeut*in dann ein *Angebot*, das als ihre *Bewegungsdeutung* des aktuellen Gruppengeschehens verstanden wird.

6.2 KBT als Gruppentherapie

Die Gruppenmitglieder lassen sich auf das Angebot in ihrer je persönlichen Weise ein, so wie es ihnen gerade möglich ist. Hans Becker (2001) nannte diesen Vorgang die »freie Bewegungsassoziation«. Im *konzentrativen* Umgang mit sich, mit Gegenständen oder mit anderen Gruppenmitgliedern entsteht im Wechselspiel von Wahrnehmen und Bewegen etwas Neues, eine kreative Produktion der Gruppe.

2. *Strukturniveau:* Das Ausmaß an Strukturierung des Angebots hängt vom Strukturniveau der Gruppe und von der Phase des Gruppenprozesses ab. Generell gilt, je besser strukturiert die Gruppenmitglieder sind, umso freier kann das Angebot sein. In der Abschlussphase können Angebote offener gestaltet werden als zu Beginn, da die Gruppe auf den gemeinsamen Erfahrungen aufbauen kann. Für Patient*innen mit strukturellen Schwächen helfen gut strukturierte angeleitete Erfahrungsangebote, mehr Struktur zu gewinnen.

3. *Spielen:* Im Spiel ist es möglich, Verhalten zu erproben, die jenseits des Alltagsgewohnten liegen. Entweder andere Rollen auszufüllen oder auch spontan genau wie im Alltag zu handeln, kann dann im Gespräch reflektiert werden. Das ist für viele Patient*innen leichter als in einer reinen Gesprächsgruppe, da es sich ja »nur um ein Spiel« handelt. Im Spiel werden unbewusste Muster sichtbar, Neues kann erprobt werden. Die Gefühle und Empfindungen, die im Spiel auftauchen, sind echt und doch zugleich im »als ob«-Modus. Die Aufteilung der Gruppenstunde in einen *Erlebnis- oder Erfahrungsraum* und einen *Arbeitsraum* verbindet die KBT mit anderen erlebnisorientierten Verfahren. »Die Trennung der Therapie in einen Raum, in dem Regression und Pathologie sich kontrolliert reinszenieren können und der getrennt vom Raum der erwachsenen Arbeitsbeziehung bleibt, macht vielen Patienten die therapeutische Arbeit leichter« (Hüther & Sachsse, 2007, S.176).

4. Die *symbolische Bedeutung des Leiblichen:* Der symbolische Gehalt von Bewegung, Gebärden oder körperlichen Symptomen wird in der KBT angesprochen. Im sprachlichen Austausch wird die individuelle Wahrnehmung verarbeitet, wobei die Gruppe hilft: ein Vergleich mit der Wahrnehmung der Anderen ermöglicht Gemeinsamkeiten und Unterschiede, aber auch eigene Wahrnehmungsverzerrungen zu entdecken und in Frage zu stellen. Auf diesem Weg lassen sich körperliche

Symptome als seelischer Ausdruck von belastenden Erfahrungen entschlüsseln.

5. Der *soziale Bezugsrahmen:* Die eigene Leiblichkeit und das Handeln werden in der Gruppe im sozialen Bezugsrahmen gesehen: Bewegungen, Gebärden, Gesten, Körpersymptome haben immer auch eine zwischenmenschliche Komponente (Küchenhoff, 1992), die im gemeinsamen Tun in der Gruppe erfahrbar wird. Aktuelle Konflikte können sich im gemeinsamen Tun darstellen und in der Reflexion verstanden werden. Ein Übertragungsgeschehen kann sich entfalten, in dem andere aus der Gruppe wie Mitglieder der Ursprungsfamilie erlebt werden. Im Handeln oder im reflektierenden Gespräch kann dies erkannt werden.

6. *Korrigierende emotionale Neuerfahrungen:* Gruppenmitglieder können erleben, dass ihre Gefühle, anders als früher, beachtet werden, dass sie helfen, die Beziehungen zu anderen zu gestalten. Sie können sich im achtsamen Umgang mit sich und anderen lösen und eine kathartische Wirkung haben. Intensive Gefühlsäußerungen sind im Schutz der Gruppe möglich und stellen für viele Patient*innen einen zentralen Wendepunkt ihrer Therapie dar. Der*Die Therapeut*in sorgt dafür, dass die anderen Gruppenmitglieder dadurch nicht überlastet werden.

7. *Berührung:* Berührungen zwischen den Gruppenmitgliedern oder auch des*der Therapeut*in und einzelnen in der Gruppe gehören zum Repertoire der KBT-Gruppe. Gruppenangebote können zu einer Berührung im Spiel einladen. Die Berührung kann kraftvoll oder sanft sein, abgrenzend oder verbindend, lustvoll oder unangenehm. Oft ist es leichter, über eine kraftvolle Berührung, z. B. sich gegenseitig wegschieben, einen leiblichen Kontakt aufzunehmen und positiv zu konnotieren. Zarte Berührungen werden oft nicht gewagt, sie wecken Sehnsüchte nach früher Verpasstem und werden gelegentlich durch sexualisierende Sprüche abgewehrt. Hier helfen die KBT-Materialien als ein *Dazwischen.*

Die Gruppenleitung kann sich selbst auch als berührbar zeigen. Sie kann etwa mit im Kreis stehen und Handkontakt halten, bevor alle zum Abschied bewusst die Hände lösen und auseinandergehen. Jedoch gilt es immer abzuwägen, welche Bedeutung ihre Berührung in der Gruppe bekommt.

8. *Fokussierung auf den eigenen Körper:* Während in der psychodynamischen Gruppe das Gespräch über die Beziehungen der Gruppenmitglieder untereinander und zur Gruppenleitung im Mittelpunkt steht, wird in der KBT-Gruppe auf den Umgang mit dem eigenen Körper fokussiert. Die Selbstbezogenheit wird häufig durch die Anregung, die Augen zu schließen, gefördert. Jedes Gruppenmitglied hat so die Möglichkeit, sich seinen eigenen Empfindungen, Gefühlen, Gedanken, Erinnerungen und Bildern zuzuwenden und wird dabei sprachlich von dem*der Therapeut*in begleitet (Schmidt, 1999). Die Anwesenheit der Gruppe schafft für diesen inneren Erforschungsprozess einen Rahmen, der vielfach als sichernd erlebt wird. Man ist, anders als in der Einzeltherapie, nicht allein dem Gegenüber ausgeliefert, die Gruppe gewährleistet Schutz vor befürchteten Übergriffen oder vor Verlorenheitsgefühlen (Schreiber-Willnow & Willnow, 2010).
9. *Mit-sich-Sein in Anwesenheit von anderen:* Mit sich allein zu sein in Anwesenheit anderer ist eine Erfahrung, die einen Übergangsraum eröffnet, der als Grundlage für Kreativität und Symbolbildung gilt. Die Möglichkeiten des Alleinseins, des Mit-sich-Seins, ohne gleichzeitig die Angst vor Verlassenheit bewältigen zu müssen, können in der Gruppe wieder oder neu entdeckt werden. Diese Fähigkeit gibt Sicherheit und Ich-Stärkung. Ein Spielraum wird neu gewonnen.
10. Das *therapeutische Gruppengespräch:* Das Gespräch ist integraler Bestandteil der Gruppenbehandlung. Konflikte oder traumatische Erfahrungen, die sich zunächst als Körpersymptom oder Körpererlebensstörung äußern, werden über das genaue Erspüren nicht nur erfahrbar, sondern danach auch benennbar. Mit der Sprache sind sie dann einer weitergehenden Bearbeitung zugänglich.

Bei der Gestaltung einer Gruppenstunde sind diese zehn Merkmale sowohl für die Gruppe als Ganze als auch für jedes einzelne Mitglied zu beachten. Für Patient*innen mit speziellen Diagnosen oder Merkmalen sind differenzierte Konzepte entwickelt worden. So verlangt die Arbeit mit traumatisierten Gruppenmitgliedern eine stärkere Fokussierung auf die Stabilisierung als auf konfliktorientiertes Arbeiten (Schmitz, 2016).

In der ambulanten Gruppe ist darauf zu achten, dass die Mitglieder genügend stabil aus der Gruppe in ihren Alltag gehen, während die sta-

tionäre Gruppe das Sicherheitsnetz des therapeutischen Teams und des gemeinsamen Wohnens hat.
Für die therapeutische Weiterbildung ist es unerlässlich, intensive leibhaftige Erfahrungen mit anderen in der Gruppe zu machen. Nur so bildet sich die Fähigkeit zur Einfühlung in das Erleben von Patient*innen in klinischen Gruppen heraus. Die Tiefe der Selbst-Erfahrungen in der kollegialen Gruppe gibt Sicherheit für die Kalibrierung des Angebots in der Therapie (Backmann, 2021).

6.2.2 Phasen des Gruppenprozesses

In Anlehnung an Markus Hochgerner (1995) beschreibt Karin Schreiber-Willnow (2016) ein vierstufiges Modell des KBT-Gruppenprozesses mit den Phasen: *Vertrauen, Regression, Progression und Abschied*. In stationäre Gruppen, die in der Regel halboffen sind, kommen diese Phasen nicht in der Reinform vor. Sie beziehen sich daher auch auf den Entwicklungsstand des einzelnen Gruppenmitglieds. Das KBT-Angebot wird gemäß dem Stand der Einzelnen als auch dem der Gesamtgruppe gewählt.

1. *Vertrauen:* Zu Beginn der Behandlung sorgt der*die Therapeut*in für ein Gruppenklima, das den Gruppenmitgliedern ein Gefühl von Akzeptanz und Aufgehobensein vermittelt. Die therapeutische Haltung ist in dieser Phase Halt gebend, Beziehungsaufnahmen werden gefördert. Die Patient*innen brauchen Verständnis für ihr Leiden und müssen Vertrauen in den*die Therapeut*in und die Gruppe gewinnen.
2. *Regression:* In dieser Phase wird Körperwahrnehmung neu gelernt, ein präzises Beschreiben der gerade erlebten Körperphänomene wird geübt und damit die Trennung von Empfindung und Erinnerung vollzogen. Jetzt wird an den *Problemen* gearbeitet: Beim Spüren des Körperschemas und des Körperbildes können positive, aber auch negative Körperbesetzungen bewusst werden, oft eine schmerzliche Erfahrung unter großer affektiver Beteiligung: Wut auf das Missglückte, Trauer um Vergangenes prägen diese Phase des Gruppenprozesses. Die pathologische Verstrickung in frühe Interaktionsmuster wird sichtbar und spürbar, wenn die Ursprungsfamilie sich in der Gruppe reinszeniert. Diese

Phase kann in eine Krise in der Behandlungsmitte hineinführen, in der die nun bewusst gewordenen maladaptiven Beziehungsmuster im subjektiven Erleben als Verschlechterung wahrgenommen werden können. Die therapeutische Haltung ist jetzt geprägt von geduldigem Klarifizieren und konfrontierendem Nachfragen, im Spannungsfeld von Halt und Widerstand. Der*Die Therapeut*in ist Begleitung und Übertragungsfigur.

3. *Progression:* Durch die Krise hindurch folgt dann der Prozess des Aufbauens, in dem alte Lasten abgelegt und neues Verhalten gewagt wird. Es geht jetzt um die verbesserte Gestaltung der sozialen Beziehungen in der Gruppe und im Stationsalltag. Die Gruppenmitglieder machen korrigierende Erfahrungen im Leiblichen mit sich sowie mit der Gruppe. Sie erproben Veränderungen in der Gestaltung ihrer Beziehung zu sich und den anderen. KBT-Angebote in dieser Phase fokussieren auf Begegnungen in der Gruppe, z.B. mit den Themen: Geben und Nehmen, Öffnen und Verschließen oder Führen und Folgen.

4. *Abschied:* In der Phase des Abschieds wird die Trennung thematisiert und bearbeitet. In dieser Zeit kann die alte Symptomatik wieder auftauchen. Im Gruppenprozess geht es jetzt um Themen wie Loslassen, Hergeben, Sich-wieder-Annähern und Verabschieden. Es werden Ambivalenzen erlebbar, aber auch aktive Gestaltungsprozesse erprobt, wie Wählen, Entscheiden oder das Übernehmen der Verantwortung für das eigene Handeln. Von besonderer Bedeutung für viele Gruppenmitglieder, deren Biografie durch frühe Trennungstraumata gekennzeichnet ist, ist jetzt die Gestaltung des Abschieds in einer verträglichen, z.T. rituellen Form. Sie können die Erfahrung machen, dass Abschied schmerzhaft ist, aber nicht traumatisch sein muss.

Diese Phasen folgen einem psychodynamischen Verständnis des Gruppenprozesses, wobei heute diskutiert wird, dass die Krise kein notwendiges Element für einen günstigen Behandlungsverlauf ist.

6.2.3 Resümee

In der Gruppe entfaltet die KBT ihr gesamtes Potenzial. Der soziale Mikrokosmos Gruppe ermöglicht interaktionelles Lernen in einer positiven Gruppenatmosphäre, Erfahrungen mit anderen werden leibhaftig gemacht und reflektiert. Die Körper- und Affektwahrnehmung wird differenziert und hilft zu verbessertem Selbsterleben. Das Risiko, das negative Gefühle und Erinnerungen auftauchen können, muss der Gruppe im Vorfeld erläutert werden.

Literatur

Backmann, U. (2021). Sexualität in der Konzentrativen Bewegungstherapie. München: Ernst Reinhardt.
Becker, H. (2001). Konzentrative Bewegungstherapie. Integrationsversuch von Körperlichkeit und Handeln in den psychoanalytischen Prozess. Gießen: Psychosozial.
Hochgerner, M. (1995). Regression und Progression in der mittelfristigen stationären Psychosomatik. In M. Hochgerner & E. Wildberger (Hrsg.), Psychotherapie in der Psychosomatik (S. 84–99). Wien: Facultas.
Hüther, G., & Sachsse, U. (2007). Angst- und stressbedingte Störungen. Auf dem Weg zu einer neurobiologisch fundierten Psychotherapie. Psychotherapeut, 52, 166–179.
Küchenhoff, J. (1992). Einige Dimensionen des vergessenen Körpers in Psychoanalyse und Psychosomatik. Psychotherapie, Psychosomatik, Medizinische Psychologie, 42, 24–30.
Schmidt, E. (1999). Zwischen Verkörperung und Versprachlichung – die Konzentrative Bewegungstherapie als gruppentherapeutische Methode. Konzentrative Bewegungstherapie, 21, H. 30, 66–73.
Schmitz, U. (2016). Traumata. In: E. Schmidt (Hrsg.), Konzentrative Bewegungstherapie. Grundlagen und störungsspezifische Anwendung (S. 261–270). Stuttgart: Schattauer.
Schreiber-Willow, K. (2016). Konzentrative Bewegungstherapie. München: Ernst Reinhardt.
Schreiber-Willow, K. & Willnow, C. (2010). Interpersonelle und psychodynamische Gruppenbehandlung von Persönlichkeitsstörungen. In: V. Tschuschke (Hrsg.), Gruppenpsychotherapie (S. 229–232). Stuttgart: Thieme.

6.3 KBT mit Kindern und Jugendlichen

Andrea Plank-Matias und Marina Müller

Kinder und Jugendliche stellen von sich aus ihr inneres Erleben über Handlungsdialoge und im Spiel dar. In der KBT greifen wir im Einzel- wie im Gruppensetting das auf, was sich vom frühen Beziehungsgeschehen in der Körperresonanz zeigt. Je nach Therapiephase schwingen wir uns auf die Bewegungen der Kinder ein, setzen Impulse durch kleine Veränderungen oder werden auch körperlich deutlich zu einem Gegenüber. Durch die gemeinsame Bewegung im Raum werden wir als Therapeut*innen sichtbar für die Kinder und unterstützen sie dabei, über den Körperdialog ihr inneres Chaos zu ordnen.

6.3.1 KBT-Gruppen mit Kindern und Jugendlichen

Besonders in Zeiten kollektiver Unsicherheit sind Gruppen wichtige Orte, an denen psychosoziale Reifung stattfinden kann. Kinder und Jugendliche geben sich im Rahmen einer Gruppe gegenseitig Anstöße zur Veränderung und können neue Verhaltensweisen in Beziehungen erproben. Die Therapeut*innen versuchen, die Botschaften der Kinder zu *lesen* und daraus Gruppenangebote zu entwickeln. Ein*e Therapeut*in, die selbst gut verortet ist und über einen sicheren Kompass verfügt, um das Gruppenschiff auch durch hohe Wellen zu navigieren, hat Vorbildfunktion und ist ein stabiles primäres Objekt.

Es hat sich bewährt, auf *drei Leitlinien zur Orientierung* zurückzugreifen (Plank-Matias & Müller, 2018):

1. *Sicherheit zuerst:* Vorrang haben der Aufbau einer vertrauensvollen sicheren Beziehung und alle Maßnahmen, die der Vermeidung bzw. Reduktion von Stress, Angst oder Trauma dienen. Dazu gehören z. B. die sichere Raumgestaltung oder Notfallregeln.
2. Der Aufbau der Gruppentherapie wie auch einzelner Stunden orientiert sich an der *Entwicklungslinie vom Ich zum Du zum Wir*. Demzufolge hat

z. B. die Arbeit am Strukturniveau Vorrang vor anderen Entwicklungsprozessen (Kintrup, 2015). Die Arbeit an Mentalisierungsprozessen ergibt sich oft automatisch durch die mit KBT-Angeboten verbundene Perspektivenübernahme (vom Platz eines anderen Kindes gesehen sieht die Welt anders aus; der Lieblingsgegenstand meiner Nachbarin fühlt sich anders an als meiner).
3. Orientierung an dem, was sich situativ in Körper- und Handlungsdialogen der Kinder zeigt, basierend auf der *Wahrnehmung von Phänomenen:* flexibles Aufgreifen von Bewegungen, Tempi, Interaktionen.

Daraus ergibt sich ein Aufbau der Therapiestunde, der flexibel den Bedürfnissen der Gruppe und einzelner Kinder angepasst werden kann. Das Vorgehen ist bindungsorientiert mit dem Ziel, Sicherheit und positive Beziehungsrepräsentationen im Körperdialog aufzubauen. Der Rahmen hierfür wird durch den behutsamen Aufbau der Therapie hergestellt: sicheres Ankommen im Raum, sichere Orte, zu denen die Kinder pendeln können, um sich zu regulieren, sicheres Ankommen bei sich und in der nahen Umgebung (Körpergrenzen, den Boden oder Gegenstände, die Halt geben, wahrnehmen). Halt und Struktur ergeben sich durch die wiederholte Arbeit mit Spielen, die den Kindern vertraut sind, wie z. B. das beliebte Spiel »Feuer, Wasser, Sturm« bei dem Raumwahrnehmung, Selbstregulation und Bewegungsfreude gefördert werden. Kinder, die am gemeinsamen Spiel nicht teilnehmen, dürfen begleitend trommeln, die Stopps setzen oder sie erhalten die Schiedsrichterrolle und die Therapeut*innen stehen ihnen als Hilfs-Ich zur Seite. So wird das Herausfallen von Kindern aus der Gruppe vermieden und an der Gruppenkohärenz gearbeitet. Die Art der Angebote ist weniger wichtig als die Weise, wie sie angeboten werden und welche Themen und Beziehungsinhalte transportiert werden.

Erst wenn ein vertrauter Rahmen hergestellt ist und die Kinder Sicherheit in der Hinbewegung gewonnen haben, kann der Fokus verstärkt auf Beziehungsangebote zu zweit, zu dritt oder als Gesamtgruppe gerichtet werden. Um Angst bei der Kontaktaufnahme zu mindern, kann man bewusst in Angebote Pole einbauen, in denen z. B. Nähe und Distanz spielerisch reguliert werden. Begonnen wird immer beim sicheren Pol. Beispielsweise können die Kinder zuerst einen sicheren Platz suchen und von dort in die Mitte des Raumes laufen, wo sich alle treffen und auf ein Zeichen wieder zurückkehren.

Welche Wirkung Gruppen entfalten können, hängt von der Gruppenleitung und dem Grad der Gruppenkohäsion ab. Je stärker diese ist, umso sicherer fühlen sich die Gruppenmitglieder, was ihnen im Rahmen von Gruppenaktivitäten ein höheres Funktionsniveau eröffnet (Shimony & Mikulincer, 2018). Die KBT bietet viele Möglichkeiten, den inneren Zusammenhalt einer Gruppe durch Angebote zu fördern: Beispielsweise dadurch, dass sich jedes Kind einen Platz im Raum gestaltet und so sichtbar für alle zur Gruppe gehört oder durch das gemeinsame Stehen um ein Schwungtuch, wo jedes Kind seinen Platz und einen Griff zum Festhalten hat.

Ausführliche Reflexionsrunden am Ende einer Stunde, wie bei Erwachsenen, sind nicht möglich. Versprachlichung erfolgt überwiegend begleitend während einer Stunde, z. B. eingebaut in spielerische Angebote: die Kinder bewegen sich zur Musik, stoppen auf ein Zeichen hin und frieren in einer Skulptur ein. Die Therapeut*innen besuchen jedes Kind und beschreiben die Skulptur. Am Ende einer Stunde spiegeln sie in wenigen kurzen Sätzen, was für die Kinder wesentlich war (Hilfs-Ich): »Ich habe heute gesehen, dass Dein Schutzplatz ganz klare Grenzen hatte.« Kinder, die sich sprachlich ausdrücken können und möchten, haben die Möglichkeit, dies mit einem Wort, einem Satz oder auch einem Gegenstand zu tun.

In der Zusammenstellung von Gruppen sollte auf Altershomogenität geachtet werden. Für pubertierende Jugendliche sind *kindliche* Angebote meist schambesetzt und werden abgewehrt. In einer altershomogenen Gruppe wird es den Kindern/Jugendlichen ermöglicht, Lösungen zu finden, die den eigenen Möglichkeiten entsprechen. Die Gruppe bietet die Chance im Sinne einer Spiegelfunktion Eigenes im Anderen zu sehen und wiederzuerkennen. Deutungen kommen weniger von den Therapeut*innen, vielmehr durch das Feedback der Gruppe.

KBT-Gruppen mit Kindern und Jugendlichen stellen Therapeut*innen vor besondere Herausforderungen. Schnell sind Körpergrenzen, auch von therapeutischen Begleitpersonen, überschritten oder ein Gruppengeschehen eskaliert. In der Gruppensituation wird die engere familiäre Dynamik jeden Kindes oder Jugendlichen sichtbar (Müri, 1979). Durch die dazu kommende wechselseitige Beeinflussung laufen Gruppenprozesse in der Folge häufig viel schneller ab als in Erwachsenengruppen. Therapeutische Interventionen erfolgen dann notgedrungen sehr spontan und sollten deshalb regelmäßig supervidiert werden. In der Arbeit mit Gruppen ist es wichtig zu beachten, dass Kinder/Jugendliche Räume brauchen, die nicht zu stark reglementiert sind, aber über schutzgebende Begrenzung (klarer Rahmen mit wenigen wichtigen Gruppenregeln und haltgebenden Ritualen) verfügen. Die therapeutische Begleitung dieser Gruppen erfordert einen guten Stand, eine große Portion Gelassenheit und Humor und die Haltung, dass Chaos normal ist. Ein wesentlicher Faktor für das Gelingen von Gruppen sind Selbstfürsorge und Selbstmitgefühl der Therapeut*innen. Dazu gehört auch die gegenseitige Stärkung durch eine *Doppelleitung*, die den Kindern die Sicherheit gibt, dass sich im Notfall jemand um sie kümmern kann, gleichzeitig ist so die Fortführung der Gruppe gewährleistet. Die Doppelleitung bietet zudem wertvolle Projektionsmöglichkeiten, z. B. die des Elternpaares. Sie ermöglicht es außerdem, als Gruppenleitung an Spielen teilzunehmen.

Falls Kinder vom Gruppensetting stark überfordert sind, kann es sinnvoll sein, im Rahmen von Einzelstunden eine sichere Beziehung aufzubauen und im Eins-zu-Eins-Kontakt Voraussetzungen zu schaffen, dass Kinder möglichst ohne Angst am Gruppenangebot teilnehmen können.

6.3.2 Einzelarbeit mit KBT

Das therapeutische Spiel mit Kindern impliziert bereits oftmals körper-/handlungsorientiertes Arbeiten, Rollenspiel und Arbeit mit Gegenständen. Bei Jugendlichen ist dies häufig mit Abwehr und Scham besetzt. Hier bietet sich eher die symbolische Arbeit mit Gegenständen an. Beziehungskonflikte oder Nähe-/Distanzkonflikte können über handlungsorientiertes Vorgehen, wie z. B., sich einen geschützten Platz einzurichten oder den passenden Abstand zur Therapeut*in zu finden, erfahrbar gemacht werden. Durch das Wahrnehmen des Phänomens, das sich im jeweiligen Angebot zeigt, können gleichzeitig mit der Arbeit am therapeutischen Prozess wichtige diagnostische Hinweise erschlossen werden.

Im Folgenden werden zwei Fallbeispiele aus der Einzelarbeit beschrieben und reflektiert.

> Ein früh adoleszenter Jugendlicher (M.) spielt zu Beginn der Therapie in jeder Stunde mit der Therapeutin mit einem Ball. Dieser muss ständig in Bewegung zwischen Therapeutin und Patient gehalten werden. Währenddessen spricht er mit der Therapeutin, erzählt Träume, Gedanken etc. Es entsteht ein gemeinsamer Raum, in dem sich sein Unbewusstes entfalten kann. Durch das Spiel mit dem Ball ist die Therapeutin mit der Aufmerksamkeit gebunden. Wegschauen oder Unaufmerksamkeit sind nicht möglich.

In der Wahrnehmung der Therapeutin reinszeniert M. seine frühkindliche Erfahrung mit einer depressiven, traumatisierten Mutter, die im Leibgedächtnis in Form bleibender Interaktionsmuster organisiert ist. In der therapeutischen Beziehung geht es nun darum, ihm korrigierende Erfahrungen zu ermöglichen. Gleichzeitig gibt es zwischen Therapeutin und Patient etwas Drittes, im Sinne einer Triangulierung, das hilft die Nähe zur Therapeutin zu regulieren.

Im therapeutischen Prozess kann über das *Ballspiel* die Qualität der Beziehung und Kommunikation abgebildet werden und im Spiel probeweise in die Handlung kommen. Ein vorsichtiger erster Kontakt ohne direkte Berührung oder Sprache ist möglich. Das Kind/der*die Jugendliche behält die Kontrolle über das Geschehen durch die gemeinsame Einführung von Spielregeln. Es kann erfahrbar gemacht werden, dass man sich aufeinander einstimmen kann, ebenso können gemeinsam Möglichkeiten entwickelt werden, sich zu schützen und Grenzen zu setzen.

Der sprachlich/gedankliche Austausch wird durch die Art und Weise, wie der Ball zwischen Therapeut*in und Patient*in bewegt wird, symbolisiert und unterstützt, z. B. Therapeut*in: »Ich habe das Gefühl, du passt auf mich auf.

> Ein weiterer Patient (D.) war in dieser Phase der Behandlung sieben Jahre alt. Er hatte kumulative Beziehungstraumata mit seelischen und körperlichen Gewalterfahrungen, Deprivation und multiple Tren-

nungserfahrungen erlebt. Die im folgenden geschilderte Szene ist ein Ausschnitt aus einer Therapiestunde:

D. kroch unter den Kindertisch, vor dem ein Stuhl stand und rollte sich dort zu einem kleinen Päckchen zusammen. Er sagte: »Ich bin so ein süßes, kleines Ding.« Ich fing an, von meinem Platz aus zu beschreiben, was er tat. Er selbst konnte meine Sprache nicht sprechen, weil er von einem anderen Stern kam.

T(herapeutin): Da ist ein kleines Wesen. Es versteckt sich unter dem Tisch. Ich kann es hören, aber nicht sehen. Vielleicht hat es Angst.
D.: (tastete mit seiner Hand unter dem Stuhl heraus.)
T.: Ich sehe eine Hand, die sich zeigt und tastet.
D.: (schaute zwischen den Querstreben des Tisches hindurch und schob ihn ein wenig vor. Seine großen Augen waren gut zu erkennen.)
T.: Da sehe ich Augen hinter dem Stuhl. Vielleicht ist das Wesen neugierig, was es draußen gibt, hat aber noch ein bisschen Angst?
D.: (schob den Stuhl vorsichtig weg.)
T.: Es schiebt den Stuhl weg. Vielleicht kommt es heraus, das kleine Wesen.
D.: (kam heraus und bewegte sich dabei auf den Knien mit aufgerichtetem Oberkörper vorwärts.)
T.: Es kommt heraus, das kleine Wesen. Es kann nicht gehen, ist aber schon halb aufgerichtet.
D.: (leicht empört) Ich bin ja auch klein und kann nicht gehen. (Er kam auf mich zu und zog unter seinem Pulli ein Fässchen mit schwarzem Schleim hervor.)
D.: Mama.
T.: Das Wesen kann ›Mama‹ sagen, aber ich weiß nicht, ob es dasselbe wie in meiner Sprache bedeutet?
D.: Von Mama.
T.: Hat dir das deine Mama mitgegeben?
D.: (nickte, öffnete das Fässchen, holte den schwarzen Schleim heraus und ließ ihn vor mir auf den Boden

	gleiten. Dann gab er mir gestisch zu verstehen, dass ich die Hände aufhalten sollte. Er legte mir den Schleim in die Hand. Ich erschrak ein wenig, weil er sich sehr kalt und feucht anfühlte.)
T.:	Uh, der ist kalt! Soll ich den Schleim behalten?
D.:	(nickte. Ich ließ den Schleim in das Fass zurückgleiten, verschloss es und wir suchten einen Platz, an dem es stehen sollte. Er bewegte sich wieder zurück zum Tisch, machte sich klein und legte sich darunter.)
T.:	Das Wesen ist wieder unter dem Tisch. Vielleicht hat es Angst oder es ist müde und ruht sich aus?
D.:	(kam nach einer Weile wieder heraus und stand auf.)
T.:	Oh, das Wesen ist groß geworden.
D.:	(ging zum Regal mit den Spielsachen.)

Ich erlebte mich in dieser Szene in der Gegenübertragung wie eine Mutter mit ihrem Säugling. Über meine Stimme versuchte ich, Beziehung herzustellen und in Verbindung mit D. zu bleiben, da er sonst in meinem Erleben verloren zu gehen drohte. Obwohl wir nicht dieselbe Sprache benutzten, hatten wir über die Stimme die Möglichkeit uns aufeinander abzustimmen. Gleichzeitig versuchte ich eine angemessene körperliche Distanz zu wahren. Mit der Beschreibung wurde das »Ding« lebendig und zu einem »Wesen«. Dieses Bild eines »Wesens«, das vorsichtig auftaucht und vor meinen Augen einen Entwicklungsprozess vollzieht, berührte mich sehr. In der Gegenübertragung erlebte ich mich als spiegelndes Selbstobjekt, das das Kind in seiner Entwicklung begleitet. Die Übergabe des schwarzen Schleims mit den Worten »Von Mama« erlebte ich als etwas Unheimliches, das schnell entgleiten und sich unkontrolliert überall ausbreiten könnte. Es sollte in ein Gefäß kommen und gehalten werden. Der Patient drückte die Containerfunktion der Therapeutin im Sinne Bions symbolisch aus (Bion, 1962/1977). Die Therapeutin sollte dieses Eklige, für das es noch keinen Namen gab, halten, begrenzen und verdauen. Eine wesentliche Hilfe in diesem Prozess war für mich, die in der KBT-Selbsterfahrung gewonnene Fähigkeit, als Therapeutin im eigenen Körper gut verankert zu sein.

6.3.3 KBT mit traumatisierten Kindern und Jugendlichen

Besonders in Gruppen sollte darauf geachtet werden, ob bei den Teilnehmer*innen Traumata vorliegen. In diesem Fall gewinnt der Aspekt des sicheren Therapieaufbaus sowie die Vermittlung von Möglichkeiten des Stressabbaus und der Reduktion von Angst an Bedeutung. In der KBT haben wir viele Möglichkeiten dies zu erreichen. Hier spielt vor allem in der Anfangsphase die Psychoedukation eine wichtige Rolle. Es hat sich als hilfreich erwiesen, in altersgerechter Sprache zu erklären, wie Stress entsteht und warum wir dann manchmal so seltsam reagieren und die Brücke zu schlagen, warum es so wichtig ist, über den Körper zur Beruhigung (des Stammhirns) zu kommen. »Was kann ich tun, um mich zu regulieren, wenn mich der Lärm oder das Verhalten eines Kindes stören?« Die Selbstfürsorge des*der Therapeut*in hat in diesem Zusammenhang eine wichtige Vorbildfunktion. In den Stunden können viele KBT-Angebote mit einem sprachlichen Fokus auf Beruhigung und Regulierung oder Selbstwirksamkeit zur Anwendung kommen. Die Selbstwirksamkeit kann gestärkt werden, indem Kinder unterstützt werden, eine schwierige Situation zu verlassen und sich an einen sicheren Ort zu begeben, mit einem Seil eine Grenze real zu legen, ein Kissen vor den Bauch zu halten oder einen Gegenstand in die Hand zu nehmen. Regulierend wirkt es, wenn Kinder sich Sandsäckchen auflegen oder aufgelegt bekommen und diese mit Hilfe des Atems bewegen. All dies geschieht in Gegenwart eines begleitenden Menschen, der die Not des Kindes sieht, dabeibleibt, mit aushält und bezeugende Worte findet.

6.3.4 Die Bedeutung von Stimme und Sprache

Die Sprache der Therapeut*innen muss an das Alter der Kinder/Jugendlichen und die jeweiligen Fähigkeiten der kognitiven Verarbeitung angepasst werden. Bei Jugendlichen wird die Sprache von Anfang an mehr mit einbezogen, da diese häufig ihr Problem benennen können und zumeist auch reflexionsfähig sind. Bei Kindern wird Sprache und Sprechen vorwiegend begleitend benutzt. Analog zur Bindungskommunikation der frühen Kindheit werden Mimik, Körperhaltung und Stimme mit jener der Kinder abgestimmt, um Bindungssicherheit aufzubauen und mit der Stimme Halt zu geben. Über die Stimme kann das Erregungsniveau eines Kindes reguliert und Sicherheit vermittelt werden, z. B. durch eine Ruhe vermittelnde tiefere Stimmlage. So kann über diese Ebene transportiert werden, dass man mit dem Kind in Beziehung bleibt, seinen Gefühlszustand wahrnimmt, sich aber nicht anstecken lässt.

Kinder haben meist noch keine Sprache für ihre innere Not. In der ersten Phase des therapeutischen Prozesses hilft wahrnehmungsorientierte Sprache, die Kinder in ihrem Sosein mit ihrer ganz eigenen verkörperten Lebensgeschichte zu sehen und anzunehmen.

Über eine sinnes- und körperorientierte Sprache (z. B. »Was mögen deine Hände?«) werden Kinder bei der Verortung in der realen Welt unterstützt. Es wird versucht auf Wertungen zu verzichten und beschreibend zu spiegeln, was sich zeigt. Ebenso werden die Kinder darin unterstützt, möglichst wertfrei zu benennen, was sie von sich oder den Anderen wahrnehmen. Bei fortgeschrittenem Therapieprozess werden die Affekte und das Beziehungsgeschehen zunehmend in die Sprache mit eingebunden. Beispiel: Ein Kind prellt den Ball immer wieder sehr laut und heftig gegen die Wand. Der*Die Therapeut*in könnte bei einem aggressionsgehemmten Kind nach dem Ende des Prellens die affektive Ebene ansprechen, z. B. »Das war richtig laut. Wie hat sich das angefühlt?«

6.3.5 Elternarbeit

Für Kinder sind meist die Eltern die bedeutendsten Bezugspersonen, deshalb ist die begleitende Elternarbeit für den Erfolg der Therapie wichtig. Bei einer psychischen Erkrankung der Kinder/Jugendlichen ist die Beziehung zu den Eltern häufig von Elternseite mit Schuldgefühlen behaftet. Sie sind ratlos und selbst psychisch belastet. Die eigenen Konflikte vermischen sich mit denen der Kinder/Jugendlichen. In der Elternarbeit geht es deshalb darum, dass sie lernen sich in die Kinder/Jugendlichen einzufühlen, gemeinsam zu verstehen, welche inneren Konflikte hinter dem äußeren, oft nicht nachvollziehbaren Verhalten liegen und die eigenen Konflikte von denen der Kinder/Jugendlichen zu trennen. Nach einer

Phase der Vertrauensbildung zum*zur Therapeut*in können die Eltern allmählich ihre eigenen Anteile am Krankheitsgeschehen erkennen, bearbeiten und damit auch wieder einfühlsamer auf ihre Kinder/Jugendlichen reagieren. Sie können wieder Freude am Beziehungsmiteinander erleben. In der Elternarbeit wird sowohl sprachlich reflektiert wie auf der körperlichen, symbolischen Ebene gearbeitet, z. b. mit Angeboten zu Nähe-/Distanzkonflikten, in der Arbeit mit Symbolen (z. B. Stellung der Familienmitglieder zueinander) oder damit, die Perspektive anderer Familienmitglieder einzunehmen (z. B. sich zum Symbol des Kindes stellen, sich körperlich einfühlen etc.).

6.3.6 Fazit

Besonders in der Gruppentherapie mit Kindern und Jugendlichen sind Therapeut*innen auf der Körperebene angesprochen und müssen schnell reagieren. Die KBT verhilft zu Standhaftigkeit und Durchlässigkeit und dazu, im eigenen Körper verankert und mit seinen Möglichkeiten vertraut zu sein. Gerade in herausfordernden Situationen können Therapeut*innen so präsent, flexibel und mitfühlend bleiben. Durch die Bindungs- und Handlungsorientierung der KBT und den Fokus auf den Körperdialog ist diese Methode besonders gut für Kinder und Jugendliche geeignet und bietet ein reichhaltiges Repertoire für lebendige Therapiestunden.

Literatur

Bion, W. R. (1977). Learning from Experience. In: *Seven Servants. Four Works by Wilfred R. Bion*. New York: Jason Aronson

Kintrup, K. (2015). KBT – ein Ansatz zur strukturellen Nachreifung? Ein Versuch, die KBT mit dem Strukturkonzept der OPD zu verbinden. Karlsruhe. Selbstverlag

Müri, S. (1979). Aus meiner Praxis mit Kinderpsychotherapiegruppen. *Gruppenpsychotherapie Gruppendynamik*, 14, 166–182.

Plank-Matias, A. & Müller, M. (2018). Konzentrative Bewegungstherapie in der stationären Behandlung von früh traumatisierten Kindern. In: Brisch, K.-H. (Hrsg.), *Die Macht von Gruppenbindungen. Ressourcen und Sicherheit, Gefahren und Fanatismus. Möglichkeiten der Therapie und Prävention* (S. 249–268). Stuttgart: Klett-Cotta.

Shimony, M. & Mikulincer, M. (2018). Die Lehre von der Gruppenbindung. Zur Bindungssicherheit zwischen Führungspersonen und ihren Anhängern und in der Interaktion von Gruppen. In: Brisch, K.-H. (Hrsg.), *Die Macht von Gruppenbindungen. Ressourcen und Sicherheit, Gefahren und Fanatismus. Möglichkeiten der Therapie und Prävention*. (S. 70–90) Stuttgart: Klett-Cotta.

6.4 KBT im Garten

Silvia Schüller Galambos

»Der Leib ist die Natur, die uns im leiblichen Spüren gegeben ist«, schreibt Gernot Böhme (2020) in seiner philosophischen Abhandlung zum Thema Leib und Natur. In diesem Spannungsfeld zwischen Natur, die uns gegeben ist, und der Kultivierung, die handelnd vollzogen wird, entfaltet sich menschliches Selbstsein. Im Garten wird diese Selbst- und Menschwerdung auf symbolischer Ebene im Außen getan und so ist das Anlegen von Gärten seit Beginn der Menschheitsgeschichte eine Begleiterscheinung praktisch jeder Zivilisation. Auch heute, in einer Zeit, in der sich städtische Lebensformen rapide ausweiten und virtuelle Welten sich über den Globus legen, kann man als Gegenbewegung eine Hinwendung zum Gärtnern feststellen (guerilla gardening, urban gardening, Begrünung von Fassaden, Bienen in der Großstadt ...).

In immer mehr Altersheimen, Schulen, Psychosomatischen Kliniken und Wohnprojekten werden Grünanlagen geplant und Gärten angelegt, um diese therapeutisch nutzen zu können. Die Anregung dazu kommt meist aus dem ergotherapeutischen Fachbereich, in dem die Gartentherapie bereits seit langem verankert ist (Scheiter-Ulmann, 2010). Nicht zuletzt durch die Covid-19-Pandemie gab es in den letzten Jahren ein verstärktes Interesse, diese Außenräume auch in der Psychotherapie zu nutzen. Um das ganze Potential dieses Erlebnisraumes entfalten zu können, müssen einige Grundregeln beachtet werden. Die KBT bietet durch ihre Orienticrung am leiblichen Erleben einen adäquaten theoretischen Rahmen, in dem sich heilsame Prozesse im Naturerlebnis entwickeln können.

In diesem Artikel wird exemplarisch die Arbeit mit einer Gartengruppe beschrieben, bei der es eine festgelegte gemeinsame Aufgabe – die Pflege des Therapiegartens – gibt. Die Gruppe besteht aus sechs Teilnehmenden mit unterschiedlichen psychiatrischen Diagnosen und trifft sich dreimal in der Woche für ca. zweieinhalb Stunden. Bei zu schlechter Witterung (Regen, Schnee, Kälte, Sturm, Hitze) besteht die Möglichkeit in einen Innenraum zu wechseln.

6.4.1 Die Erfahrbereitschaft fördern

»Werden Sie erfahrbereit!« waren die Worte mit denen Elsa Gindler ihre Arbeitsstunden eröffnete und auch in der KBT liegt diese Haltung allem Tun zu Grunde (Cserny, 2006). »So verwandeln Gärten und die Arbeit im Garten den Menschen ebenso, wie der Mensch den Garten gestaltet und verwandelt« (Plahl, 2004, S. 64). Menschen mit psychischen Beeinträchtigungen sind in vielen Lebensvollzügen zutiefst verunsichert und daraus folgt die Tendenz sich auf Bekanntes und Vertrautes zurückzuziehen, auch wenn es unangemessene oder schädliche Verhaltensmuster sind.

Wenn man mit Menschen psychotherapeutisch in und mit der Natur arbeitet, so muss man im Vorfeld für einen sichernden Rahmen sorgen, denn nur in einem ausreichend sicheren Umfeld werden Lernerfahrungen möglich (Bentzen & Hart, 2016). Dazu gehört die Auswahl des geeigneten Platzes (falls die Therapie außerhalb eines vorgegebenen Gartens stattfindet), der passenden Kleidung und des Schuhwerks ebenso wie die Sorge für ausreichend Trinkwasser, das Mitführen kleiner energiereicher Snacks und eines Erste-Hilfe-Päckchens. Eine Toilette sollte in erreichbarer Nähe zur Verfügung stehen. Diese vorausschauenden Maßnahmen sollen allen Teilnehmenden bekannt sein, um in ihnen das Gefühl der Sicherheit zu erhöhen.

Was den Naturraum vom Therapieraum drinnen grundsätzlich unterscheidet, ist die Tatsache, dass er sich ständig in Veränderung befindet. Es gibt jahres- und tageszeitliche Veränderungen, zum Teil vorhersehbar, zum Teil überraschend. Was gestern noch geblüht hat, kann durch ein Gewitter zerstört worden sein; wo vor wenigen Tagen Samen gesät worden sind, kann sich erstes Grün zeigen; die Brombeeren erlangen fast über Nacht ihre Reife oder eine erhoffte Salaternte wird durch Schnecken zerstört. Auch das Wetter mit all seinen Erscheinungen spielt eine große Rolle, wie sich der Therapieraum Natur gerade zeigt. Bereits aus diesen kurzen Überlegungen ergibt sich, dass es von Seiten der Therapeut*innen eine große Bereitschaft verlangt, Unvorhergesehenes aufzunehmen und damit zu arbeiten. Gerade diese Haltung ist die große Stärke der KBT.

6.4.2 Symbolisierung

In der KBT geht man davon aus, dass die Symbolisierungsfähigkeit die Art und Weise ist, wie der Mensch die äußere Welt mit seiner inneren Welt in Verbindung setzt und diese in einem kreativen und schöpferischen Akt auch zum Ausdruck bringt. Eine Störung in diesem Prozess wird dort deutlich sichtbar, wo Menschen klischeehaft nach gleichbleibenden Mustern agieren und nicht in lebendiger Bezogenheit zu sich selbst Antwort auf eine Situation geben können.

Beim Tätigsein in der Natur aktualisieren sich in vielen kleinen *Szenen* sehr rasch die problematischen Verhaltensweisen einer Person. Indem man diese als Therapeut*in aufnimmt und versucht, den Prozess der Symbolisierung wieder aufzunehmen, werden sie veränderbar. Man ist nicht mehr gezwungen auf die immer gleiche Weise zu agieren, sondern kann ein neues verändertes Verhalten ausprobieren und es auch in Worte fassen.

> Herr L. (Borderlinepersönlichkeit) hat neu in der Gartengruppe begonnen. Es fällt ihm sehr schwer, regelmäßig teilzunehmen und sich an Vereinbartes zu halten. In seinem Leben hat er immer wieder Mobbing und Ablehnung erlebt. Dafür könne er nichts, andere Menschen würden ihn einfach nicht verstehen.
>
> Im Garten bekommt er die Aufgabe, die Petersilie zu jäten, die schon ziemlich verunkrautet ist. Er schafft es, gut eine Seite zu bearbeiten. Während der Pause fühlt er sich durch die Bemerkung eines anderen Teilnehmenden so gekränkt, dass er sich nicht aufhalten lässt und die Gartengruppe hochemotional verlässt. Nach einigen Tagen und Tele-

fonaten kommt er schließlich zurück. Es gibt eine Aussprache und ich gehe mit ihm zum Petersilienbeet, das ich in den Tagen seiner Abwesenheit ganz bewusst unbearbeitet gelassen habe. Dort fordere ich ihn auf zu beschreiben, was er vor sich sieht. »Die eine Seite ist sauber und die Petersilie ist gut gewachsen. Auf der anderen Seite ist das Unkraut sehr hoch geworden und überwuchert die Petersilie.« Auf die Frage, wie es ihm damit gehe, hat er Tränen in den Augen und meint: »Es ist wirklich unbedingt notwendig, dass ich jetzt weitermache!« Seit diesem Zeitpunkt gelang es Herrn L. sehr viel besser, regelmäßig an der Gruppe teilzunehmen.

6.4.3 Strukturen im Außen und Innen entwickeln

Jeder Garten hat eine zu Grunde liegende Idee bezüglich seines Zwecks und aus dieser ergibt sich in der Folge eine bestimmte *Gartenarchitektur*. Für einen Therapiegarten ist es notwendig, klare Ordnungsprinzipen herauszuarbeiten, besonders wenn man mit Menschen mit strukturellen Störungen arbeitet. Ein Zaun, der ein Innen von einem Außen trennt, klar angelegte Beete, in denen die verschiedenen Kulturen getrennt wachsen, Wege, die beschritten werden können, ein fixer Platz für den Kompost, ein Raum für die Arbeitsgeräte und ein geschützter Rastplatz ergeben eine deutliche Strukturierung und helfen den Klient*innen dabei sich zu orientieren und zurechtzufinden. Diese Art der Gestaltung hilft dabei, eine gemeinsame Vorstellung davon zu entwickeln, wie dieser Garten letztendlich aussehen soll. Wenn klar ist, was in einem Beet wachsen soll, dann können die Teilnehmenden selbstverantwortlich das Jäten, die Pflege und das Ernten der jeweiligen Kultur übernehmen. Dadurch werden Autonomie und Selbstwirksamkeit gefördert.

Klare zeitliche Abläufe haben sich als sinnvoll und unterstützend erwiesen, denn sie sorgen für eine zeitliche Strukturierung, einen Rhythmus, und geben zusätzliche Sicherheit. Wichtig ist, dass der Beginn, die Pausen und der Abschluss gemeinsam in der ganzen Gruppe stattfinden. Am Beginn steht immer die Arbeitseinteilung, die auch dazu dient, mit jeder einzelnen teilnehmenden Person unmittelbar in Kontakt zu kommen und um einen ersten Eindruck der aktuellen Befindlichkeit zu bekommen. In den Arbeitszeiten wird gemeinsam oder allein gearbeitet, je nach Bedürfnis der Person, jeder kann auf diese Weise Nähe und Distanz selbständig regulieren. Die zeitlich festgelegte Pause dient dazu, sich auszuruhen und mit den anderen in Kontakt zu kommen. Der Wechsel vom Arbeitsmodus in einen Ruhemodus wird somit an das Erleben der Gruppenzugehörigkeit geknüpft und ein Gefühl von Sicherheit im Zusammensein mit anderen Menschen kann sich festigen. Zum Abschluss wird kurz die Arbeitseinheit und wie es jedem Teilnehmenden ganz persönlich gegangen ist, in der Gruppe reflektiert.

Die KBT geht davon aus, dass klare Strukturen im Außen dabei helfen, fehlende oder bruchstückhafte innere Strukturen zu festigen. Dazu ist die Arbeit an den Grenzen häufig im Mittelpunkt, und zwar auf allen Ebenen. Wo fängt zum Beispiel ein Beet an und wo hört es auf? Was darf wo wachsen? Was ist im Moment gerade meine Aufgabe im Garten? Welche Regeln und Grenzen muss ich beachten, damit ich Teil der Gruppe sein kann? Welche Grenzen setzte ich anderen? Welche Grenzen setze ich mir? … Das sind die Fragen, die sich immer wieder implizit oder explizit im gemeinsamen Tun stellen.

6.4.4 Die körperliche Wahrnehmung als Ausgangspunk

Die Gartentherapie ist auch deshalb ein wirksames Setting für die KBT, da man als Therapeut*in die gleiche körperliche Arbeit wie die Teilnehmenden erledigt und sich häufig vor dieselben Herausforderungen gestellt sieht. Man spürt Hitze oder Kälte, man hat Durst oder auch mal Hunger, man genießt den Duft der Blüten oder nascht von den Früchten, die im Garten reifen. Es ist *Miteinander-Sein* auf Augenhöhe.

Im gemeinsamen gärtnerischen Tun gibt es immer wieder Situationen oder Momente, die Aufforderungscharakter haben und nach antwortendem Verhalten verlangen. Manche Klient*innen können diese *Anfragen* gar nicht wahrnehmen, geschweige denn eine angemessene *Antwort* finden. Ein einfaches Beispiel dafür ist die Witterung, die im Tages- und Jahresrhythmus Anpassungsleistungen fordert. Eine wichtige Aufgabe als Therapeut*in ist es in diesem Fall Selbstfürsorge explizit vorzuleben. Man setzt sich zum Beispiel in der Sonne einen Hut auf und benutzt Sonnencreme, man macht immer wieder Pausen, um Wasser zu trinken, man zieht sich in der Kälte wärmer an und in der Hitze die Jacke aus ... Diese Handlungen werden verbal begleitet, indem man sagt, was man tut und warum. Manche Klient*innen nehmen das als Anregung, um dem Beispiel zu folgen, manche überprüfen bewusst, wie sie gerade empfinden und manche nehmen dieses Vorbildhandeln gar nicht wahr. In einer solchen Situation muss dann die Person explizit angesprochen werden, wenn es zum Beispiel sehr heiß ist und diese noch immer eine dicke Jacke anhat, die schon ganz nassgeschwitzt ist.

Gerade bei Menschen mit Erkrankungen aus dem schizophrenen Formenkreis ist das Empfinden und Wahrnehmen der eigenen körperlichen Bedürfnisse stark eingeschränkt und analog dazu zeigt sich eine deutliche ICH-Psychopathologie (Scharfetter, 1995). In der KBT geht man davon aus, dass durch das bewusste Wahrnehmen und Antworten auf körperliche Zustände und Bedürfnisse, die psychische Strukturbildung gefördert wird. So stellt man konkrete Fragen zur Wahrnehmung des körperlichen Empfindens und gibt den Anstoß zu einem angepassten Verhalten. Mit der Zeit werden die Klient*innen sensibler dafür, was sie gerade benötigen, sie nehmen ihre Körperzustände besser wahr und können auf ihre basalen Bedürfnisse reagieren. Wenn dieser Prozess voranschreitet, kann man parallel dazu meist eine Verbesserung der ICH-Störungen durch eine Abnahme der paranoiden Gedanken und der beschimpfenden Stimmen beobachten.

Um diese strukturbildenden Lernerfahrungen zu vertiefen und zu sichern, wird in den Anfangsrunden immer wieder Bezug darauf genommen, was man heute für sich selbst tun kann, damit man gut durch die Arbeitsstunden kommt. In der Schlussrunde wird reflektiert, ob die Vorsätze dann auch umgesetzt worden sind. Und dann kann es durchaus einmal vorkommen, dass ein Klient zur Therapeutin sagt: »Ich glaube, du musst mal etwas trinken, du hast ein ganz rotes Gesicht von der Hitze!«

6.4.5 Die Selbstwirksamkeit erfahren

Bei Menschen mit psychischen Erkrankungen hat sich häufig das Gefühl der Ohnmacht tief in das Nervensystem eingebrannt. Durch ihre Erkrankung müssen sie erleben, dass sich ihr Leben grundlegend verändert, ohne dass sie gegensteuern können. Der Arbeitsplatz geht verloren, vertraute Menschen wenden sich ab, finanzielle Probleme bereiten Sorgen. Angst und Scham sind häufig die vorherrschenden Gefühle. Wenn dann Medikamente nicht so gut wirken wie erwartet, macht sich Hoffnungslosigkeit und Resignation breit. Gemeinschaftliches gärtnerisches Tun ist ein wirksames Mittel, das dem entgegengesetzt werden kann.

Jedes Setzen, Jäten und Ernten von Pflanzen hat unmittelbare und langfristige Auswirkungen, die deutlich wahrgenommen werden können. Menschen erleben, dass sie einen Naturraum gestalten und nachhaltig verändern können, dass auf Grund ihres Tuns eine köstliche Ernte möglich wird, die man mit allen Sinnen genießen kann. Und wenn das im Außen, mit einem Stück Boden möglich ist, wie ist das dann mit dem eigenen Leben?!

> Herrn H. (Sozialphobie, Depression) und ich jäten gemeinsam das Beet mit der Zitronenmelisse. Wir haben kleine Unkrautstecher, die für das »normale« Unkraut gut funktionieren, bis wir zu einer Malve kommen, die sich ausgesät hat und schon ziemlich groß geworden ist. Herr H. ist sich nicht sicher, ob wir sie stehen lassen sollten, denn wir wollen ja auch Malvenblüten ernten. »Das ist richtig, aber die Malven haben ein eigenes Beet!«, bringe ich als Überlegung ein und fordere ihn gleichzeitig auf, darauf zu achten, was die Malve bei der Zitronenmelisse bewirkt. »Die Zitronenmelisse wird an dieser Stelle ganz auf die Seite gedrängt. Einige Zweige sind schon abgestorben, weil die Malvenblätter so dicht und hoch wachsen und alles verdrängen!«, beschreibt er.
>
> Im Bewusstsein, dass Herr H. wenig Vertrauen in die eigenen Kräfte hat, entscheide ich, dass er die Malve ausjäten soll. Der erste Versuch mit dem Unkrautstecher scheitert, auch der Versuch, sie mit aller Kraft auszureißen. Er muss zuerst noch ein geeignetes Werkzeug holen und erst nach einigen mühevollen Versuchen ist Herr H. erfolgreich, er kann die tiefe Pfahlwurzel aus dem Boden lösen. Mit einem lachenden »Ge-

schafft!« hält er sie triumphierend in die Höhe. Die anderen lachen mit ihm und zollen ihm Respekt.

Als wir beim Weiterarbeiten über das Malvenjäten sprechen, stellt er fest, dass er schon ziemlich viel Kraft gebraucht habe, um sie herauszubekommen. Wir erforschen noch ein wenig das Gefühl, das sich einstellt, wenn man durch körperliche Anstrengung etwas erreichen kann, was man sich selbst zuerst gar nicht zugetraut hat. »Ja«, meint er schließlich, »das Dranbleiben zahlt sich aus – nicht nur bei den Malven!«

6.4.6 Schlussbemerkungen

Die Wirksamkeit des gartentherapeutischen Settings ist in zahlreichen wissenschaftlichen Studien belegt (Haubenhofer, et al., 2022). Die KBT verfügt über eine theoretische Fundierung und eine Praxeologie, die es ermöglichen, heilsame Naturerfahrungen in vielfältiger Weise für Patient*innen zugänglich zu machen. Es wäre wünschenswert, dass dieses Potential in Zukunft auf vielfältige Art und Weise mehr genutzt und weiterentwickelt würde.

Literatur

Bentzen, M., & Hart, S. (2016). *Neuroaffektive Therapie.* Lichtenau: G.P. Probst.
Böhme, G. (2020). *Leib.* Die Natur, die wir selbst sind. Berlin: Suhrkamp.
Cserny, S. (2006). Zur Entwicklung und Geschichte der KBT. In S. Cserny, & C. Paluselli, *Der Körper ist der Ort des psychischen Geschehens.* Grundlagenwissen der Konzentrativen Bewegungstherapie (S. 31–65). Würzburg: Königshausen & Neumann.
Haubenhofer, D., Cervinka, R., Schlieber, H., Schwab, M., Steininger, B., & Wolf, R. (2022). *Gesundheitsfördernde Wirkung von Gärten. Hochschule für Agrar- und Umweltpädagogik, Eigene Rechtspersönlichkeit, Wien.* Zugriff am 19.9.2022 unter https://www.greencare.at/wp-content/uploads/sites/6/2020/08/Publikation-Gesundheitsfo%CC%88rdernde-Wirkung-Ga%CC%88rten.pdf
Plahl, C. (2004). Psychologie des Gartens. Anmerkungen zu einer natürlichen Beziehung. In C. Callo, A. Hein, & C. Plahl, *Mensch und Garten. Ein Dialog zwischen Sozialer Arbeit und Gartenbau.* (S. 47–73). Norderstedt: Books on Demand.
Scharfetter, C. (1995). *Schizophrene Menschen.* Diagnostik, Psychopathologie, Forschungsansätze. München: Psychologie Verlags Union.
Scheiter-Ulmann, R. (2010). *Lehrbuch Gartentherapie.* Bern: Hans Huber.

6.5 KBT als Teletherapie

Angelika Draxler

KBT als Teletherapie ist ein junges Phänomen und gewann erst im Zusammenhang mit der Covid-19-Pandemie an Relevanz. Vor dem Frühjahr 2020 wurde onlinebasierte Psychotherapie innerhalb der KBT-Community durchaus kritisch bewertet und selten angeboten. Erst die praktischen Erfahrungen mit Tele-KBT seit Beginn des ersten Lockdowns im Frühjahr 2020 gaben den Anstoß für eine Entwicklung innerhalb der KBT hin zu onlinebasierten Therapieangeboten. In den nächsten Jahren wird sich weisen, ob sich Tele-KBT dauerhaft als eine Form etabliert, die angewandt, theoriebasiert reflektiert und beforscht wird.

6.5.1 Entwicklungsschub durch die Pandemie

Der Beginn der Covid-19-Pandemie hat wesentlich zur Digitalisierung innerhalb der Berufsgruppe der Psychotherapeut*innen und zur erweiterten Etablierung verschiedener Formen der Telepsychotherapie beigetragen. Verlauf und Auswirkungen dieser Entwicklungen wurden mittels Querschnittstudien (z. B. Humer, Stippl, Pieh, Pryss & Probst, 2020; Probst, Haid, Schimböck, Stippl & Humer, 2021; Jesser, Muckenhuber, Lunglmayr, Dale & Humer, 2021) und Längsschnittstudien (z. B. Mantl, Höfner, Stefan, Stammer & Hochgerner 2021; Höfner, Hochgerner, Mantl, Stefan & Stammer, 2021) intensiv untersucht.

Die schlichte Notwendigkeit im Zusammenhang mit der Corona-Pandemie hat auch die KBT für die Anwendung als videobasierte Psychotherapie breiter geöffnet. KBT-Therapeut*innen begannen, den »erzwungenen Erfahrungsraum« (Korunka, Höfner, Straßer, Hochgerner & Mantl, 2021, S. 135) zu nutzen und mit den Möglichkeiten der Tele-KBT zu experimentieren. Eine Online-Befragung des ÖAKBT von Juni 2021 unter österreichischen KBT-Therapeut*innen (n=59) machte deutlich, dass ein Großteil der teilnehmenden Psychotherapeut*innen (68 %) während der pandemiebedingten Beschränkungen die Möglichkeiten der Tele-KBT nutzte und dies auch für die Zeit nach der Pandemie plante, zumeist allerdings beschränkt auf Ausnahmefälle (Draxler, 2022).

Zum Zeitpunkt der Umfrage im Juni 2021 gaben 39 % der teilnehmenden KBT-Therapeut*innen an, bereits an einer Fortbildung im Bereich Online-Psychotherapie teilgenommen zu haben. In diesem Zusammenhang wurde auch der ÖAKBT aktiv. Zunächst bot eine monatlichen Online-Intervision ab April 2020 einen virtuellen Raum zur gemeinsamen Reflexion der Auswirkungen der Pandemie auf die eigene berufliche Tätigkeit als KBT-Therapeut*in. Aus dieser Öffnung des Feldes für die Möglichkeiten der videobasierten Kommunikation entwickelte sich im ÖAKBT ab Frühjahr 2021 das ZOOM LAB als kostenloses kontinuierliches Weiterbildungsangebot für KBT-Therapeut*innen im deutschsprachigen Raum. In offener Gruppe trafen einander KBT-Therapeut*innen aus Österreich, Deutschland, Italien und der Schweiz einmal im Monat, um an einem angeleiteten Tele-KBT-Angebot teilzunehmen, sich über das eigene Erleben zu zweit auszutauschen und im Forum »Theorie und Methodik der Online-KBT« zu reflektieren und weiterzuentwickeln (Weywoda, 2022). Das ZOOM LAB integrierte in seinem standardisierten Ablauf Selbsterfahrungsanteile zur Online-KBT in ein Fortbildungsangebot und erfüllte damit eine zentrale Bedingung, um die positive Bewertung digitaler Therapieoptionen durch Psychotherapeut*innen weiter zu verbessern (Eichenberg, 2021, S. 201).

In der Ausgabe 2022 der Zeitschrift des DAKBT und ÖAKBT wurden zudem erste Berichte aus der Praxis über die Anwendung von Tele-KBT in ambulanter Praxis und in der Weiterbildung veröffentlicht (Schmitz, 2022; Scheepers-Assmus & Wessendorf, 2022).

KBT im Sinne einer Blendend Therapy mit digitalen Optionen jenseits der videobasierten Arbeit wie etwa Online-Selbsthilfeprogramme zu verbinden, wird bislang ebenso wenig öffentlich diskutiert wie die Anwendung von Tele-KBT im klinischen Setting.

Insgesamt ist durch die praktische Erfahrung des ersten Pandemiejahres die Zahl der KBT-Therapeut*innen, die gut oder sehr gut mit Telepsychotherapie arbeiten, in der Selbsteinschätzung der Teilnehmer*innen an der Umfrage des ÖAKBT von 18 % auf 51 % angestiegen. Während 58 % der KBT-Therapeut*innen, die an der Umfrage teilnahmen, ihre Haltung gegenüber Telepsychotherapie vor Beginn der Pandemie als kritisch oder sehr kritisch bewerteten, gilt dies zum Zeitpunkt der Umfrage nur mehr für 22 % (Draxler, 2022). Interessant wird sein, wie sich diese Zahlen nach Ende der Pandemiemaßnahmen weiterentwickeln.

6.5.2 Die Begrenzung des virtuellen Settings

Ein beachtlicher Teil der KBT-Therapeut*innen bietet allerdings auch unter Pandemie-Bedingungen keine Therapie im virtuellen Raum an. Es gibt dafür gut nachvollziehbare Gründe. Der spezielle therapeutische Zugang der KBT ist leiborientiert und begreift die Komplexität des leib-seelischen Geschehens von Wahrnehmung und Bewegung aus. Die therapeutische Arbeit mit KBT findet in einem realen, oft bedacht gewählten und gestalteten Therapie-Raum statt. KBT-Therapeut*innen stellen verschiedene achtsam ausgewählte Materialien sowie ihre eigene Leiblichkeit und ihre durch einen langen sowie intensiven KBT-Ausbildungsweg geschulte Selbstwahrnehmung zur Verfügung. Eingebettet in das spezielle Bindungsangebot einer einzeltherapeutischen Beziehung ist in der KBT auch ein Handlungs- oder Körperdialog zwischen Patient*in und Therapeut*in möglich, in dem beide gemeinsam die Beziehungsmuster des*der Patient*in entstehen lassen, erkunden und eventuell auch variieren können (Schreiber-Willnow, 2016).

Vieles davon ist in der Tele-KBT nicht oder nur eingeschränkt möglich. Der gemeinsam erlebte reale Raum fehlt genauso wie der unmittelbare zwischenmenschliche Kontakt mit all seinen Möglichkeiten. Damit werden auch die sorgsam entwickelten Möglichkeiten »der klinisch robusten wahrnehmungs- und bewegungsbasierten KBT-Diagnostik« (Hochgerner, 2021, S. 179) stark begrenzt. Im Bildschirm erscheint ein in der Regel nach unten hin abgeschnittenes Bild eines Menschen, zumeist in einem Ausschnitt seines höchst privaten Raums. Ohne das Wechselspiel zwischenleiblicher Resonanz (Fuchs, 2013, S. 124) sind Patient*in und Therapeut*in im virtuellen Raum auf die Form der imaginativen Vergegenwärtigung (Fuchs, 2013, S. 125) des anderen verwiesen. Die leibliche Präsenz geht verloren, die affektive Besetzung allerdings nicht. Die Leerstellen entsinnlichter Kommunikation bieten Raum für Projektion. »An die Stelle der Begegnung tritt dann der illusionäre Schein der Wirklichkeit« (Fuchs, 2013, S. 132).

6.5.3 Tele-KBT hat Vorteile

Unter Pandemiebedingungen brachte der Umstieg auf Tele-Psychotherapie dennoch viele Vorteile. Das Risiko der Ansteckung konnte in diesem Setting für beide Seiten ausgeschlossen werden, besonders für vulnerable Personen war dies von Bedeutung. Die Versorgungssicherheit ambulanter Psychotherapie-Patient*innen konnte aufrechterhalten werden. Psychotherapeut*innen, deren einzige Einnahmequelle die Psychotherapie darstellt, konnten ihren Einkommensverluste begrenzen (Probst et al., 2021; Höfner, Mantl, Korunka, Hochgerner & Straßer, 2021). Auch die KBT-Therapeut*innen haben in der Umfrage des ÖAKBT aus dem Jahr 2021 Vorteile benannt und sehen deren Relevanz auch jenseits der pandemischen Krise (Draxler, 2022). Therapieabbrüche bzw. -unterbrechungen sowie damit verbundene Einkommensausfälle wegen Krankheit, Auslandsaufenthalten oder Wohnsitzänderung könnten durch das Angebot von Tele-KBT auch in Zukunft verhindert bzw. abgemildert werden. Telepsychotherapeutische Kompetenz könnte sich zum marktwirtschaftlichen Vorteil für ambulant tätige Psychotherapeut*innen entwickeln.

6.5.4 Wie kann Tele-KBT gelingen?

Generell scheint die Tele-KBT sich als ein neues Feld in der KBT in zwei Varianten zu entwickeln: in videogestützten therapeutischen Begegnungen und in geringerem Maß als therapeutische Begegnungen per Telefon, während der KBT-Therapeut*innen ihre methodische Kompetenz rein sprachbasiert anwenden.

Gerade in der KBT ist es vorteilhaft, wenn Tele-Therapie eingebettet ist in eine Psychotherapeutische Beziehung, die sich zunächst in körperlicher Präsenz gut etablieren konnte. Wenn die*der Andere im zwischenleiblichen Kontakt tatsächlich präsent geworden ist, lässt sich auch in einer virtuellen Begegnung auf diese Präsenz zurückgreifen. Wir begegnen dann auch in der Teletherapie der realen Person anstatt einer Projektion oder dem Bild, das sie von sich entwirft und das der realen Person möglicherweise kaum oder gar nicht entspricht.

Störungen dieser zwischenleiblichen Begegnung entstehen im virtuellen Raum sehr häufig. Eine professionelle technische Ausstattung kann dies minimieren. Wenn Internetverbindung, Kamera, Mikrofon, Rechenleistung, Beleuchtung etc. von guter Qualität sind, wirkt die Verbindung zwischen Therapeut*in und Patient*in in vielerlei Hinsicht stabiler, klarer und deutlicher. Die lineare Ausrichtung der Blickachsen durch die entsprechend gewählte Einstellung des Programms verhindert das permanente aneinander vorbei Sehen und unterstützt darin, die körperliche Präsenz der bereits bekannten realen Person zu vergegenwärtigen. Genauso kann ein bedachtsam gewählter und gestalteter Platz bzw. Hintergrund auch im virtuellen Raum dabei unterstützen, die Atmosphäre des realen Therapieraums und der bereits stattgefundenen Begegnungen zu erinnern. Diesen Hintergrund sowie die für beide passende Einstellung des Programms gemeinsam auszuwählen, zu gestalten, selbst darin sichtbar zu werden und sich dabei auch körperlich wahrzunehmen, kann ein erstes KBT-Angebot zu Beginn einer tele-therapeutischen Episode sein.

Tele-KBT scheint gut zu funktionieren, wenn Bewegungsangebote Möglichkeiten zum körperlichen Wahrnehmen und Bewegen schaffen. Die Herausforderung besteht darin, dass das äußere Erleben der Patient*innen für die Therapeut*innen oftmals nur sehr eingeschränkt oder gar nicht mehr sichtbar ist, weil sie sich nur zum Teil bzw. gar nicht im Blickwinkel ihrer Kamera bewegen. Während der Anleitung eines Tele-KBT-Angebotes müssen die Therapeut*innen dementsprechend auf viele Wahrnehmungs- und Kommunikationsebenen verzichten, die in der analogen Realität selbstverständlich sind. Für die Patient*innen bedeuten Struktur und Sprache des Online-Angebots sowie die Stimme des*der Therapeut*in eine wichtige Verbindung im zwischenleiblichen Kontakt. Gleichzeitig sollen sie sich in ihren körperlichen, gedanklichen und emotionalen Bewegungen frei erleben. Diese Spannung auszuhalten, wenn notwendig zu regulieren und die Begrenzung des leiblichen Einfühlens im Online-Setting zu akzeptieren, ist einer der herausfordernden Lernschritte für KBT-Therapeut*innen. Für Patient*innen kann ein Lernschritt damit verbunden sein, ihr Spüren so genau wahrzunehmen und zu beschreiben, dass es jenseits des toten Winkels der Kamera ankommt und für die Therapeut*innen sichtbar und spürbar wird.

In der Arbeit mit Gegenständen sind in der KBT viele Ebenen möglich (Schreiber-Willnow, 2016). In der Tele-KBT werden die Gegenstände nicht von den Therapeut*innen zur Verfügung gestellt, sondern stammen aus dem persönlichen Besitz der Patient*innen. Diese können im virtuellen Miteinander auf vielfältige Weisen genutzt werden. Wie in allen anderen Bereichen des videobasierten Arbeitens mit KBT braucht es auch hier noch viel Erfahrungslernen und Austausch, einerseits um die damit verbundenen Möglichkeiten auszuloten, andererseits um zu verstehen, welche Auswirkungen dieses Setting auf das Erleben unsd Begreifen der Patient*innen hat.

Diese Fülle an Möglichkeiten, das gemeinsame Ausprobieren in der ambulanten Praxis, im ZOOM LAB, in Ausbildungsgruppen und in privaten Initiativen erinnert in der Vermischung von Neugier, Entdeckungsfreude, Aufbruch und Vorbehalt an Berichte aus frühen Jahren der KBT. Nicht umsonst zitieren die ersten Erfahrungsberichte zur KBT im Online-Setting Ahnen der KBT. »Ich habe ein Laboratorium, [...] Ich möchte Forschen – wer dabei mitforschen will, ist sehr willkommen«, meinte Elsa Gindler (Weywoda, 2022, S. 86). »KBT kann in jedem Raum stattfinden«, sagte Miriam Goldberg (Scheepers-Assmus, Wessendorf, 2022, S. 82). Das lässt sich mit Helmuth Stolze ergänzen: »Aufbruch und Befreiung gehören von den Anfängen der Entwicklung der KBT an zu ihren Grundlagen und weisen ihr die Aufgabe eines immerwährenden Erneuerns und Erweiterns des therapeutischen Raumes zu« (Stolze, 2000, S. 60).

Literatur

Draxler, A. (2022). Körperlos? KBT während der Covid-19-Pandemie. *Konzentrative Bewegungstherapie, 53*, 30–37.
Eichenberg, C. (2021). Onlinepsychotherapie in Zeiten der Coronapandemie. *Psychotherapeut, 66*, 195–202.
Fuchs, T. (2013). Der Schein des anderen. Empathie und Virtualität. In T. Fuchs (Hrsg. 2022), *Verteidigung des Menschen. Grundfragen einer verkörperten Anthropologie* (S. 119–145). Berlin: Suhrkamp.

Hochgerner, M. (2021). Konzentrative Bewegungstherapie. In M. Hochgerner (Hrsg.), *Grundlagen der Psychotherapie. Lehrbuch zum psychotherapeutischen Propädeutikum* (S. 174–183). Wien: Facultas.

Höfner, C., Hochgerner, M., Mantl, G., Stefan, R. & Stammer, J. (2021). Telepsychotherapie als Chance und Herausforderung: Eine longitudinale Mixed-Methods Studie. *Psychotherapie Forum, 25,* 37–43.

Höfner, C., Mantl, G., Korunka, C., Hochgerner, M. & Straßer, M. (2021). Psychotherapie in Zeiten der COVID-19-Pandemie: Veränderung der Arbeitsbedingungen in der Versorgungspraxis. *Feedback. Zeitschrift für Gruppentherapie und Beratung,* 23–37.

Humer, E., Stippl, P., Pieh, C., Pryss, R., & Probst, T. (2020). Experiences of Psychotherapists with Remote Psychotherapy during the COVID-19 Pandemic: Cross-sectional Web-Based Survey Study. *Journal of Medical Internet Research, 22,* e20246.

Jesser, A., Muckenhuber, J., Lunglmayr, B., Dale, R., & Humer, E. (2021). Provision of Psychodynamic Psychotherapy in Austria during the COVID-19 Pandemic: A Cross Sectional Study. *International Journal of Environmental Research and Public Health,* 18, 9046.

Korunka, C., Höfner, C., Straßer, M., Hochgerner, M. & Mantl, G. (2021). Der Einsatz von Sprach- und Videotelefonie in der Psychotherapie als Chance und Herausforderung: Eine Querschnitterhebung zu zwei Erhebungszeitpunkten. *Psychotherapie Forum, 25,* 134–145.

Mantl, G., Höfner, C., Stefan, R., Stammer, J. & Hochgerner, M. (2021). Psychotherapie in der Krise. Eine Längsschnittstudie zur Lebens- und Arbeitssituation von Psychotherapeut*innen. *Feedback. Zeitschrift für Gruppentherapie und Beratung,* 38–54.

Probst, T., Haid, B., Schimböck, W., Stippl, P. & Humer, E. (2021). Psychotherapie auf Distanz in Österreich während COVID-19. Zusammenfassung der bisher publizierten Ergebnisse von drei Onlinebefragungen. *Psychotherapie Forum, 25,* 30–36.

Scheepers-Assmus, C. & Wessendorf, S. (2022). ZOOM-KBT in der Weiterbildung. *Konzentrative Bewegungstherapie, 53,* 83–84.

Schmitz, U. (2022). Coronakrise als Chance??? Der erzwungene Umgang mit neuen Medien. *Konzentrative Bewegungstherapie, 53,* 77–81.

Schreiber-Willnow, K. (2016). *Konzentrative Bewegungstherapie.* München: Ernst Reinhard.

Stolze, H. (2000). Menschenbilder in Bewegung. *Konzentrative Bewegungstherapie, 24,* 60–69.

Weywoda, B. (2022). ÖAKBT ZOOM LAB – Digitales Fenster zur KBT. *Konzentrative Bewegungstherapie, 53,* 85–86.

7 Spezielle Indikationsfelder

7.1 KBT: ein psychosomatischer Blick auf den Menschen

Elisabeth Oedl-Kletter

Für körperliche Leiden ist die Medizin zuständig, die seelischen Leiden gehören in die Psychotherapie. Eine so klare und eindeutige Einteilung wird oft gewünscht und immer wieder versucht. Allerdings gibt es da noch die große Gruppe der funktionellen und psychosomatischen Störungen. Spätestens diese Krankheitsbilder führen ein »Entweder – Oder« restlos ad absurdum. Dort, in der *Schnittmenge* dieser beiden Wirkungsfelder braucht es zunächst dringend konstruktive Zusammenarbeit der verschiedenen Berufsgruppen und gegenseitige Anerkennung, wenn den leidenden Menschen wirklich geholfen werden soll. Darüber hinaus wird schnell klar, dass hier auch spezifische methodische Zugänge notwendig sind. Um dieser Herausforderung zu begegnen, hat inzwischen in vielen Psychotherapieverfahren die Einbeziehung des Körpers stattgefunden. Die KBT ist schon seit langer Zeit in diesem Bereich besonders beheimatet.

Seit Jahrzehnten ist die KBT in psychosomatischen Abteilungen in Deutschland und zunehmend auch in Österreich eine zentrale Säule im stationären Behandlungskonzept und so ist in diesem Anwendungsbereich ein reicher und differenzierter Erfahrungsschatz entstanden. Für diese wichtige Position der KBT in der Behandlung von Patient*innen mit psychosomatischen Beschwerden gibt es gute Gründe. In diesem Anwendungsfeld ist die Bedeutung des in der KBT allgegenwärtigen (Grund-)

Satzes »*Der Körper ist der Ort des psychischen Geschehens*« (Cserny & Paluselli, 2006) ganz besonders greifbar und hilfreich.

Wie in den grundlegenden Kapiteln dieses Buches dargestellt, geht die KBT vom Phänomen aus und die wesentlichen Phänomene im Bereich der psychosomatischen Erkrankungen sind körperliche Beschwerden, für die keine (ausreichenden) medizinischen Ursachen gefunden werden können. Die Psychotherapiemethode KBT kann mit ihrem leiborientierten Zugang genau jene Brücken anbieten, welche die Verbindungen zu den dahinterliegenden Erfahrungen ermöglichen. Wenn die Verbindung zwischen den sensomotorischen Phänomenen zum emotionalen Gehalt erfahrbar wird und auch kognitiv verstehbar einen sprachlichen Ausdruck bekommen kann, dann eröffnet sich ein Weg zu bisher ungenutzten Ressourcen.

Vorwiegend in der älteren Literatur zu psychosomatischen Erkrankungen wird immer wieder die Alexithymie als typisch für diese Patient*-innengruppe genannt. Es fällt Betroffenen schwer ihre Gefühle zu benennen; die Verbindung zwischen emotionaler Ebene und der kognitiv-sprachlichen Ebene ist nicht (ausreichend) möglich. In der Folge sucht sich emotionale Übererregung als Alternative ein Ventil über die sensomotorische Ebene und kann so zur Entstehung körperlicher Symptome führen.

7.1.1 Konzentrative Wahrnehmung als Zugang zum leiblichen Gewordensein

Die konzentrative Wahrnehmung der *leiblichen Realität im Hier und Jetzt* weist den Weg zu *Erfahrungen von Dort und Damals*, jenseits des Sagbaren, also in den präverbalen Bereich. Präverbal bedeutet, dass das Erfahrene aus einer Zeit stammt, in der noch keine eigenen Worte zur Verfügung standen und die Umwelt keine passenden Worte dafür angeboten hat. Solche Erfahrungen können sich primär nur über den Körper zeigen und stammen häufig aus ganz frühen Lebensphasen, jedenfalls aus einer Zeit, die der narrativen (expliziten) Erinnerung zunächst nicht zugänglich ist. Neugeborene können nur über die *Körpersprache* kommunizieren und sind darauf angewiesen, dass Bezugspersonen feinfühlig und geduldig entsprechende Worte zur Verfügung stellen. Oft sind es schon prä- oder perinatale Prägungen, die sich in den psychosomatischen Symptomen Ausdruck verschaffen, um endlich verstanden und integriert zu werden. Zum Glück ist es für diese Integration nie zu spät. So zeigen eben auch erwachsene Patient*innen (Baby-Kleinkind-)Körpersprache, die jetzt aber oft noch weniger verstanden wird. Geduldig versucht der Körper oft viele Jahrzehnte lang seine Geschichte zu erzählen, so lange, bis sie gehört und anerkannt werden kann. Wenn die Therapeut*innen offen sind für diese frühen Themen, bietet die KBT auch dafür Explorationsräume, sogenannte Angebote, an.

Im Wahrnehmungs-Angebot kann sich die implizit im Körper gespeicherte Geschichte Stück für Stück zeigen und so der expliziten Bearbeitung zugänglich werden. Die Körpersprache braucht quasi eine Übersetzung in die Wortsprache, wobei die Therapeut*in nicht dolmetscht, sondern als Begleitung für einen gemeinsamen Forschungsprozess zur Verfügung steht. Wie schon erwähnt und in anderen Beiträgen dieses Buches ausgeführt, geht es darum die Ebene der Sensomotorik mit der emotionalen Ebene und eben auch mit der Kognition in Verbindung zu bringen.

»Wir nehmen die Worte beim Wort.« Dieser Satz von Helmuth Stolze (persönliche schriftliche Mitteilung anlässlich einer Tagung in Brixen, Oktober 2003) beschreibt sozusagen die andere Richtung des Übersetzungsprozesses, der in der KBT eine wichtige Rolle spielt. Gemeint ist der Weg *von der kognitiven Erkenntnis zur verkörperten Ressource*, also der Etablierung eines neuen hilfreichen Introjekts. Erst wenn dieser Prozess gelingt, können sich psychosomatische Reaktionsmuster nachhaltig verändern. Dieser Verkörperungsprozess wird auch als *Embodiment* (Storch, Cantieni, Hüther & Tschacher, 2010) bezeichnet und ist Grundlage jeder wirksamen Prägung. So sind auch die psychosomatischen Phänomene Ausdruck verkörperter Erfahrungen. Wenn wir uns also immer wieder um die Verbindung der körperlichen Realität mit der Emotion und der Kognition kümmern, können die Mitteilungen des Körpers verstanden und neue Erfahrungen im Körper verankert werden.

Sowohl die differenzierte und gleichberechtigte Wahrnehmung aller drei Ebenen (sensomotorisch – emotional – kognitiv) als auch die möglichst mühelose Verbindung zwischen diesen Aspekten menschlichen Seins sind zentrales Anliegen der KBT und dringende Notwendigkeit in der Behandlung psychosomatischer Beschwerden. Man könnte auch formulieren: Das ist die Voraussetzung für psychosomatische Gesundheit.

7.1.2 Veränderungsprozesse anstoßen und begleiten

Eine etwa 50-jährige Patientin hat seit Jahren immer wieder Beschwerden im Schulter-Nacken-Bereich. Der deutlich sichtbare Hochstand der linken Schulter kann bewusst korrigiert werden, aber sobald die Aufmerksamkeit sich auf ein anderes Thema richtet, geht die Schulter in die angespannte Position zurück. Auch aus dem Schlaf erwacht die Frau regelmäßig mit hochgezogener Schulter. Mehrfache Versuche mit Krankengymnastik und laufende eigene Bemühungen »eine richtige Haltung einzunehmen« haben zwar manchmal zur vorübergehenden Reduktion der Beschwerden geführt, aber das Grundmuster nicht verändern können.

Während einer differenzierten Anleitung zur Wahrnehmung der Schultern und Arme tauchen zunächst diverse Bewegungsimpulse auf, die für die Patientin gänzlich unverständlich, ja ihrem Ziel der Entspannung geradezu entgegengesetzt erscheinen. Ich beschreibe verbal welche Bewegungen ich sehe und begleite sie durch Kontakt mit meinen Händen an ihren Schultern. Das ermöglicht ihr, zunehmend den »unsinnigen« Bewegungsimpulsen neugierig zu folgen und es taucht die Erinnerung an eine bisher vergessene Szene mit dem geliebten Großvater auf, die ausgesprochen widersprüchliche emotionale Informationen enthält. Während ihr ihre damalige Ambivalenz zwischen ihren Wünschen nach Nähe *und* Distanz, ihren Bedürfnissen nach Autonomie *und* nach Verbundenheit spürbar wird, entsteht bei ihr auch viel Mitgefühl für sich selbst als das kleine Mädchen, das sie damals gewesen ist. Sie kann den verschiedenen Bewegungen (Festklammern, Wegstoßen, Loslassen ...) nachspüren und jede einzelne als berechtigt und verstehbar erleben. Damals wurden ihr von den an der Szene beteiligten Erwachsenen keine orientierenden Worte zur Verfügung gestellt. Sie kann nun als Erwachsene ihre eigenen Worte finden, die die unterschiedlichen Impulse und das daraus entstandene Dilemma benennen und so werden die bisher unverdauten Erfahrungen in ihre Lebensgeschichte, in ihr persönliches Narrativ integrierbar. Am Ende dieser Therapieeinheit ist kein Schulterhochstand mehr sichtbar, die Patientin beschreibt, dass sich ihr Schultergürtel locker und wohlig anfühlt und sie ihren Atem frei fließend spüren kann.

7 Spezielle Indikationsfelder

> Die komplexe Beziehung zum Großvater beschäftigt uns im späteren Therapieverlauf noch einmal, auch die Verbindung von Schulter und Atmung spielt in einem anderen Zusammenhang noch einmal eine wichtige Rolle, aber das anfangs beschriebene Symptom taucht nach dieser Stunde nicht mehr auf, was die Patientin mit großem Erstaunen und verständlicher Freude erfüllt. (Der von mir begleitete Nach-Beobachtungszeitraum beträgt etwas mehr als zwei Jahre.)

Solche raschen und deutlichen Veränderungen kennen alle KBT-Therapeut*innen und dennoch sind sie nicht regelmäßig erwart- und erreichbar. Gerade im Bereich psychosomatischer Erkrankungen hat sich der Körper oft über sehr lange Zeit an die veränderten *Sollwerte* der diversen Regulationssysteme gewöhnt und braucht manchmal länger, um neue Muster zu etablieren. Immerhin ist davon auszugehen, dass alle aktuell dysfunktional erscheinenden Funktionsweisen irgendwann einmal die einzig verfügbaren und oft lebensrettenden Möglichkeiten aus einem Dilemma gewesen sind. Auf einer tief unbewussten Ebene bietet gerade das Leiden Sicherheit. Diese Sicherheit muss in den neuen Wahrnehmungs- und Reaktionsmustern erst erfahren und körperlich verankert werden. Korrigierende Erfahrungen brauchen daher oft viele Wiederholungen, damit sie wirklich verlässlich zur Verfügung stehen. Das fordert von allen Beteiligten Geduld und Vertrauen. Insbesondere bei den klassischen psychosomatischen Erkrankungen, bei denen im Gegensatz zu den »nur« funktionellen Störungen ja auch entsprechende pathologische Veränderungen am funktionellen Gewebe zu finden sind, braucht der Körper Zeit für die Regeneration. Und doch beeindruckt die Regulationsfähigkeit des Organismus immer wieder. Gerade wenn die Patient*innen nach meist jahrelangem Leidensweg nur wenig Zutrauen in diese Fähigkeit ihres Körpers und ihrer Seele haben, ist es meine Aufgabe als Therapeutin, diese Hoffnung und das Vertrauen zunächst stellvertretend zur Verfügung zu stellen und so beim Gegenüber zu fördern.

7.1.3 Bedeutung der Therapeut*in

Dazu ist es notwendig, dass wir als Therapeut*innen selbst in unserem eigenen Körper zu Hause sind, uns die eigenen Regulationsmechanismen vertraut sind, und zwar sowohl in ihrer Vulnerabilität als auch in ihrer Regenerationsfähigkeit. Die *Selbsterfahrung*, in einem psychosomatischen Sinn, nimmt daher schon in der Ausbildung zur KBT eine zentrale Rolle ein und sollte meines Erachtens auch unbedingt danach noch berufsbegleitend weitergehen, auch wenn dann kein festgelegtes Curriculum mehr vorliegt. Die eigene *leibliche Resonanzfähigkeit* ist das wichtigste Werkzeug in der Behandlung von leidenden Menschen und wie jedes andere Werkzeug ist auch dieses nur bei entsprechender »Wartung« funktionsfähig.

Aber neben diesen leiblichen Voraussetzungen für eine hilfreiche therapeutische Haltung ist natürlich auch der kognitive Nachvollzug der Prozesse notwendig. Das gilt für jede*n einzelne*n Anwender*in, aber natürlich auch für die Methode der KBT insgesamt.

Im Bereich der Psychosomatik können wir hier auf eine Vielzahl an Publikationen zugreifen. Zahlreiche Forschungsergebnisse der letzten Jahrzehnte haben uns ein immer besseres Verständnis der Zusammenhänge zwischen seelischen und körperlichen Aspekten des Lebens vermittelt und geholfen so manche alte Gräben zu überbrücken. Dadurch ist vieles an unserer, über Generationen bewährten und tradierten Vorgangsweise besser verstehbar und damit auch noch gezielter nutzbar geworden. Die KBT-Ausbildung hat sich dadurch weiterentwickelt und der Selbsterfahrungsschwerpunkt hat eine zunehmende Einbettung in die wissenschaftlichen Theoriekonzepte erfahren. Ein fordernder Prozess, der keineswegs als abgeschlossen betrachtet werden kann.

7.1.4 KBT und die Polyvagaltheorie

Für den Praxisalltag erscheinen vor allem die Sichtweisen von Steven Porges (Porges, 2010) zur Funktion des vegetativen (autonomen) Nervensystems (ANS) relevant, weil im ANS sowohl die Regulation körperlicher Vorgänge als auch die emotionalen und kognitiven Regelkreise deutlich sichtbar ineinandergreifen. Hier ist Psychosomatik sozusagen direkt beobachtbar. Porges Polyvagaltheorie stellt eine wertvolle Orientierung zur Einordnung von Phänomenen innerhalb des Therapieprozesses dar und erleichtert das Entwickeln aktuell passender Angebote. Auch für die Patient*innen hat sich eine vereinfachte und auf die konkrete Situation abgestimmte Darstellung der drei autonomen Regelkreise schon oft als überaus hilfreich erwiesen, weil dadurch die eigenen Symptome besser verstehbar werden. Dieses Verstehen reduziert die Abwehr gegenüber den Mitteilungen des Körpers und so kann die zunächst als bedrohlich erlebte Körpersprache zum wertvollen Wegweiser aus so mancher Sackgasse des Lebens werden.

Über die durch KBT-Angebote induzierte Selbstwahrnehmung wird regelmäßig der ventrale Vagus aktiviert. Vielleicht kann sogar postuliert werden, dass die konzentrative Haltung, jene schon von Elsa Gindler geforderte Erfahrbereitschaft der wesentliche Faktor für die Beweglichkeit innerhalb des ANS darstellt und so im Laufe längerer Therapieverläufe insgesamt nachhaltig verbessert wird. Diese Beweglichkeit oder Schwingungsfähigkeit bedeutet auch Regulationsfähigkeit und letztlich mehr Lebendigkeit. Im Idealfall entsteht das, was Stolze als »Vertrauen in die Weisheit des Leiblichen« (Stolze, o. J.) bezeichnet hat.

7.1.5 Abschließende Gedanken

Gerade Patient*innen mit psychosomatischen Störungen, die oft nach jahrelangen, leidvollen Irrwegen endlich durch die KBT wieder langsam beginnen, auf ihren eigenen Körper neugierig zu werden und dort etwas von dieser »Weisheit des Leiblichen« entdecken, machen die Qualifikation der KBT als psychosomatisches Therapieverfahren deutlich.

Literatur

Cserny, S. & Paluselli, C. (2006). *Der Körper ist der Ort des psychischen Geschehens.* Würzburg: Königshausen & Neumann.

Storch, M., Cantieni, B., Hüther, G., Tschacher, W., (2010). *Embodiment.* Die Wechselwirkung von Körper und Psyche verstehen und nutzen. Bern: Hans Huber.

Porges, S. W. (2010). *Die Polyvagaltheorie*. Paderborn: Junfermann.
Stolze, H. (o.J.). Vertrauen in die »Weisheit« des Leiblichen. In B. Purschke-Heinz & R. Schwarze (Hrsg.), *KBT auf dem Weg. Gedenkschrift für Helmuth Stolze, den Begründer der Konzentrativen Bewegungstherapie* (S. 81–120). Telgte: Eigenverlag DAKBT.

7.2 KBT mit Menschen mit strukturellen Einschränkungen

Helga Hofinger

Persönlichkeitsstruktur im psychodynamischen Sinn wird als Sammelbegriff für wichtige Basisfunktionen der Innenwelt und der Lebensgestaltung verwendet. Die Entwicklung der psychischen Struktur erfolgt in Beziehung zu den primären Bezugspersonen, sowie unter biologischen und umweltbedingten Einflüssen. Sie hat andauernden Charakter und beschreibt die Art und Weise, wie wir uns selbst und andere wahrnehmen, wie wir uns selbst und andere emotional verstehen, wie wir unsere Impulse, Gefühle und unseren Selbstwert regulieren und steuern. Weiters bestimmt die Persönlichkeitsstruktur wie wir zu anderen emotional in Kontakt treten, Beziehungen gestalten und innerlich bewahren, wie wir uns selbst im Gleichgewicht halten und eine Orientierung finden. Von besonderer Bedeutung dabei sind die Prozesse der emotionalen Bewältigung von Erfahrungen. Diese Prozesse sind eng mit dem Körpererleben verbunden (Rudolf, 2020).

7.2.1 Körpererleben bei strukturellen Störungen

Unter Körpererleben versteht man die *subjektive Wahrnehmung der eigenen Person, der anderen und der Welt*: »Des Erlebens meiner selbst und der Bedeutung dessen, was mir widerfährt oder was ich denke oder tue, kann ich nur gewahr werden, wenn ich mich selbst spüre. In meinem Körper spüre ich, wie etwas für mich ist, wie ich mich in der Beziehung zu einem anderen fühle oder wie es mir geht« (Geuter, 2015a, S. 98). Das Körpererleben spielt eine wesentliche Rolle für das Wissen um das Selbst und ermöglicht eine basale Definition des Selbstbewusstseins. Es betrifft die Außenwelt, aber auch die Innenwelt durch Propriozeption und Interozeption, wodurch beispielsweise die Stellung der Gelenke, der Herzschlag, die Atmung, die Körpertemperatur und die Peristaltik wahrgenommen werden (Damasio, 2013; Gallese, 2015).

Die sinnliche Erfahrung seiner selbst und die Fähigkeit, körpereigene Signale wahrzunehmen, wird als grundlegend für die Wahrnehmung und Regulation eigener Emotionen gesehen. Affekte und Gefühle sind Erlebnisse, deren Inhalt immer mit dem Körper des Erlebenden zu tun haben. Menschen mit strukturellen Defiziten können diese im Körper wahrgenommenen Zustände meist nicht differenziert zuordnen und benennen (z. B. als Wohlbefinden, Unwohlsein, Müdigkeit, Schmerzen). Die Wahrnehmung ist diffus, und sie finden keine Worte dafür (Damasio, 2013; Geuter, 2015a).

Das Körpererleben bei Persönlichkeitsstörungen ist gekennzeichnet durch *Spannungsintoleranz* und fehlende Integration verschiedener, auch als widersprüchlich erlebter perzeptiver, affektiver und kognitiver Körperselbstanteile. Der Körper wird oftmals als fremde, amorphe Masse, als feindlich und ekelig erlebt. Häufig entstehen in ihm globale unerträgliche Spannungszustände, die weder differenziert wahrgenommen noch mitgeteilt werden können. Diese Spannungen werden häufig am und mit dem Körper ausgetragen, wie beispielsweise durch selbstverletzendes Verhalten und parasuizidale Handlungen.

Die Ausgrenzung des Körpers aus der Wahrnehmung, die somatoforme Depersonalisation und Dissoziation, führt »nicht zu einer weitgehenden Abspaltung bzw. Isolierung der körperlichen Realität, sondern der Körper erfährt dabei eine negative Akzentuierung und steht häufig im Zentrum subjektiven Leids« (Röhricht, Beyer & Priebe., 2002, S. 212).

7.2.2 KBT bei strukturellen Störungen

Je ausgeprägter strukturelle Probleme bei Patient*innen sind, desto schwieriger ist es, bei psychotherapeutischen Behandlungen mit tiefenpsychologischen Standardtechniken Erfolge zu erzielen. *Strukturbezogene Psychotherapie* umfasst die Förderung differenzierter Selbst- und Objektwahrnehmung, Arbeit an der Affektdifferenzierung, Nachentwicklung von Fähigkeiten zur Emotionsregulierung und die Verbesserung interpersoneller Kompetenzen (Rudolf, 2020).

Die Konzentrative Bewegungstherapie konzipiert den Zugang zum Innenleben primär über die Wahrnehmung körperlicher Zustände und deren Veränderung. Die therapeutische Arbeit entsteht im Zusammenwirken von »gefühlter Erfahrung« (Damasio, 2013) und verbaler Reflexion. Verbunden mit der Reflexion von Wahrnehmung, Bewegung, dem Tun mit sich selbst, mit Gegenständen und mit anderen Menschen und des damit einhergehenden emotionalen Erlebens werden eine Differenzierung der Körperwahrnehmung, die Wahrnehmung der Affekte und ein kognitives Einordnen gefördert.

Im Folgenden wird beschrieben, welche Aspekte in der Behandlung von Menschen mit strukturellen Defiziten besonders zu berücksichtigen sind.

7.2.3 Strukturierung und Differenzierung

Die Strukturierung eines Angebotes umfasst mehrere Dimensionen. Darunter ist sowohl bei der Anleitung als auch beim anschließenden verbalen Bearbeiten ein mehr oder weniger differenziertes Fokussieren auf einzelne Wahrnehmungsbereiche zu verstehen. Des Weiteren bedarf es mehr oder weniger detaillierter Fragestellungen und Vorformulierungen, um das eigene Erleben individuell in Wortsymbole zu fassen und zu äußern.

Wenig strukturierte Anregungen gestatten einen breiten Spielraum für die individuelle Gestaltung und erfordern Strukturierungsfähigkeit seitens der Patient*innen. Stärkere Strukturierung, zeitliche Beschränkungen und ein Begrenzen der Regression wirken entängstigend und stützend. Ebenso wird dadurch die Auseinandersetzung mit innerpsychischen Gegebenheiten gefördert (Gräff, 2008).

Einem ausführlicheren Angebot geht oftmals die Aufforderung voraus, eine bequeme Haltung einzunehmen. Patient*innen, die über ausreichend selbstfürsorgendes Potential verfügen, finden diese in der Regel. Bei Patient*innen mit strukturellen Störungen besteht sowohl ein Mangel, eigene Gefühle zu erkennen, als auch eine herabgesetzte Differenzierung eigener Gefühle in allen Bereichen des Körpererlebens (Geuter, 2015). Das Finden einer behaglichen Position erfordert bei diesen Patient*innen kleinschrittige Interventionen seitens des*der Therapeut*in in der Funktion des Hilfs-Ichs, etwa in der Weise, ob im Sitzen der Rücken eine Stütze brauchen würde oder ob im Liegen Hilfsmittel benötigt würden. Die Patient*innen werden gegebenenfalls ermuntert, unterschiedliche Positionen zu probieren. Ohne diese Unterstützung harren Patient*innen oftmals auch über einen langen Zeitraum in schmerzvollen Positionen aus, wodurch ihre Wahrnehmung weitgehend auf das Quälende beschränkt ist.

Die spürende Kontaktaufnahme zum eigenen Körper, verknüpft mit der Erweiterung des Wissens um den Körper kann schwerpunktmäßig in verschiedener Weise gegliedert werden. Etwa durch differenziertes Wahrnehmen einzelner Körperteile oder Funktionen wie der Atmung. »Welche Bereiche meines Körpers sind in meiner Wahrnehmung«, »Was« ist wahrnehmbar. In hoch strukturierter Weise benennt der*die Therapeut*in jeden einzelnen Körperteil umfassend, wie die exakte Lokalisation und das Ausmaß der Kontaktfläche (Hofinger, 2021). Dazu besteht eine mögliche Gliederung im detaillierten Beobachten der Wahrnehmungsqualitäten, des »Wie« der Wahrnehmung. »Wie nehme ich meinen Körper wahr.« Diese unterschiedlichen »Arten des Fühlens« (Stern, 2007) geben Beobachtungen, aber auch Gedanken, Emotionen, Bewegungen jeweils eine bestimmte Qualität. Wir nehmen unseren Körper, eine Bewegung auf eine bestimmte Weise wahr, und wir fühlen uns etwa kräftig, voll Energie, schnell oder langsam, fremd oder vertraut, träge oder schwach.

Wahrnehmung des liegenden Beins: »Mit welchem Gewicht liegt die Ferse, die Wade, der Oberschenkel, das Bein, wie ist der Druck gegen die

Unterlage, die Temperatur des Beines, sein Spannungszustand, seine Lebendigkeit, wie präsent ist das Bein?«

Das Besprechen der Angebotssequenzen, das sprachliche Symbolisieren fördert Klarheit und Erkenntnisse, die kognitive Differenzierung wird unterstützt. Das Erlebte wird in die Beziehung eingebracht und der*die Therapeut*in motiviert dabei, Worte für eigene Erfahrungen zu finden. Im Sinne der Internalisierung begünstigen das Interesse und die emotionale Beteiligung des*der Therapeut*in das eigene Interesse, die differenziertere Wahrnehmung und die Kenntnis von sich selbst.

7.2.4 Externalisierung

Bei Externalisierungsprozessen werden psychische Inhalte nach außen verlagert. Anna Freud (1988) betont, dass es charakteristisch für die Kindheit sei, innere Konflikte in Form von Kämpfen mit der Außenwelt auszutragen. Schwerwiegende innerpsychische Konflikte werden durch die Verlagerung nach außen meist erträglicher, da sie durch Konkretisierung und Distanz weniger bedrohlich erlebt werden. Der expressive Ausdruck dient einer besseren, differenzierteren, tieferen Wahrnehmung und Anschauung der eigenen Person. Stavros Mentzos (2002) misst dem Bedürfnis, das Selbst und die innere Welt nach außen zu tragen, zumindest gleiche Wichtigkeit bei, wie umgekehrt der Tendenz, die Objekte in sich hereinzunehmen, zu internalisieren und sich mit ihnen zu identifizieren.

Die Konzentrative Bewegungstherapie verwendet Gegenstände, um innerpsychische Inhalte symbolisch darzustellen. Um die Fantasie anzuregen und individuelle Bedeutung zuzulassen, werden in erster Linie wenig ausdifferenzierte Gegenstände verwendet; Bälle, Stäbe, Seile, aber auch Objekte der Natur, wie Steine, Holzstücke, Muscheln, Kastanien etc. In der Distanzierung kann, ähnlich wie bei einer künstlerischen Darstellung, eine beobachtende Position eingenommen werden.

Eine zweiundzwanzigjährige Patientin ist seit mehreren Jahren wiederholt stationär und ambulant mit wechselnden Diagnosen (ICD-10 F33.3, F60.3) in Behandlung. Sie kommt mit den folgenden Leitsymptomen zur Psychotherapie: sie fühle sich fremd in sich, könne ihren Körper kaum wahrnehmen, fühle immer wieder böse Kräfte von anderen ausgehend und hätte wiederkehrend Suizidgedanken.

In einer der ersten Stunden erhält sie einen kleinen Korb, in dem sich unterschiedliche Gegenstände, wie ein kleiner Ball, einige Stofftiere, Steine, Kastanien, ein Pinienzapfen und anderes mehr befinden. Die Patientin wird ersucht, die Gegenstände mit geschlossenen Augen mit den Händen zu erforschen, anschließend die Augen zu öffnen und die Gegenstände mittels des Sehens zu erkunden. Als erstes nimmt die Patientin einen weichen Ball, behält ihn lange in einer Hand, rollt ihn anschließend auf der Tischplatte und beginnt dabei zu weinen. Auf die Frage nach den Tränen, meint sie, es mache sie traurig, dass es so vieles gäbe, was sie nicht kennen würde. Später meinte die Patientin, dass sie den Ball sehr deutlich in ihren Händen gespürt hätte.

In einer weiteren Stunde wird diese Patientin gebeten, Gegenstände aus jenem Körbchen nach deren physikalischen Eigenschaften wahrzunehmen, nach Größe, Gewicht, Oberflächenbeschaffenheit und Konsistenz. Anschließend berichtet die Patientin, sie hätte diese unterschiedlichen Wahrnehmungen vorher noch nie erlebt.

Das Erfahren unterschiedlicher Qualitäten der Gegenstände ermöglichte der Patientin eine erste Erweiterung ihres Wahrnehmungsspektrums verbunden mit dem Fühlen und Mitteilen von Emotionen.

7.2.5 Spezifischer Umgang mit Übertragungsphänomenen

Übertragung ist ein allgegenwärtiges Phänomen und Übertragungsphänomene treten in allen Beziehungen als subjektive Bedeutungszuschreibung auf. Unter Gegenübertragung versteht man nach heutiger Auffassung meist die Gesamtheit aller Einstellungen des*der Psychotherapeut*in gegenüber den Patient*innen, also bewusste, unbewusste, reaktive und ursprüngliche Einstellungen mit Bezug zu den Patient*innen (Ermann, 2002). Für somatische Gegenübertragungsaspekte wählen manche Autor*innen die Bezeichnung »Resonanz«, »verkörperte Gegenübertragung«, oder »somatische Resonanz« (Geuter, 2015).

Bei Patient*innen mit niedrigem Strukturniveau erfolgt das Übertragungs- und Gegenübertragungsgeschehen oftmals auf körperlicher Ebene, darunter sind vegetative Phänomene wie Müdigkeit, Engegefühl im Brustkorb zu verstehen, es treten aber auch vermehrt Angstgefühle, Langeweile, Aggression und Ratlosigkeit auf. Das Einfühlen und Verstehen vollzieht sich im Wesentlichen außerhalb der eigenen Reflexionsfähigkeit. Der*Die Therapeut*in kann sich in den betreffenden Situationen nur an den eigenen Wahrnehmungen orientieren, um aus diesen »Mitempfindungen« (Geuter, 2015) in einem weiteren Schritt Arbeitshypothesen für den Therapieprozess zu gewinnen.

Ein weiterer Aspekt im Bereich von Übertragungsgeschehen besteht darin, dass Körper- oder Bewegungspsychotherapeut*innen auf einer Projektionsebene auch als Vertreter*in des »Körpers als solchen« fungieren und somit eine Projektionsfläche für abgewehrte Einstellungen und Gefühle dem eigenen Körper gegenüber sind. Sie werden mit bewussten und unbewussten Gefühlen und Bewertungen zu ihrer eigenen Körperlichkeit konfrontiert und dabei idealisiert oder abgewertet. Dieses spezifische Übertragungsphänomen sollte in seiner Bedeutung Beachtung finden.

7.2.6 Resümee

Die dargestellten methodischen Abstimmungen eröffnen den Patient*innen in ihrem veränderten Körpererleben und ihrer herabgesetzten Fähigkeit zu introspektiver Differenzierung Möglichkeiten, ihren Körper kennenzulernen, ihn auch positiv zu erleben, ihre Emotionen zu verstehen und innerpsychische Inhalte sprachlich auszudrücken, um sich und der Welt näher zu kommen.

Literatur

Damasio, A. (2013). *Selbst ist der Mensch*. Körper, Geist und die Entstehung des menschlichen Bewusstseins. München: Siedler.

Ermann, M. (2002). Gegenübertragung. In W. Mertens & B. Waldvogel (Hrsg.). *Handbuch psychoanalytischer Grundbegriffe* (S. 226–232). Stuttgart: Kohlhammer.
Freud, A. (1988). *Wege und Irrwege in der Kinderentwicklung.* Stuttgart: Klett-Cotta.
Gallese, V. (2015). Psychoanalysis and the neurosciences. Intersubjectivity and bodyself: Notes for a dialog. *Psyche,* 69, 97–114.
Geuter, U. (2015). *Körperpsychotherapie: Grundriss einer Theorie für die klinische Praxis.* Berlin: Springer.
Geuter, U. (2015a). Körpererleben und Selbsterleben. Grundlagen der Körperpsychotherapie. *Familiendynamik,* 40, 94–105.
Gräff, C. (2008). *Konzentrative Bewegungstherapie in der Praxis.* Stuttgart: Klett-Cotta.
Hofinger, H. (2021). Strukturierte Körperarbeit in der psychotherapeutischen Behandlung von Persönlichkeitsstörungen. *Zeitschrift Konzentrative Bewegungstherapie,* 38, 47–57.
Mentzos, S. (2002). Externalisierung. In W. Mertens & B. Waldvogel (Hrsg.). *Handbuch psychoanalytischer Grundbegriffe,* (S. 182–184). Stuttgart: Kohlhammer.
Rudolf, G. (2020). *Strukturbezogene Psychotherapie. Leitfaden zur psychodynamischen Therapie struktureller Störungen.* Stuttgart: Schattauer.
Röhricht, F., Beyer, W., & Priebe, S. (2002). Disturbances of body-experience in acute anxiety and depressive disorders – Neuroticism or somatization? *Psychotherapie Psychosomatik Medizinische Psychologie,* 52, 205–213.
Stern, D. N. (2007). *Die Lebenserfahrung des Säuglings.* Stuttgart: Klett-Cotta.
Stolze, H. (1984). *Die Konzentrative Bewegungstherapie.* Grundlagen und Erfahrungen. Berlin: Mensch und Leben.

7.3 KBT als ganzheitliche Methode zur Behandlung von Trauma und Traumafolgen

Mariella Bidovec-Kraytcheva

Ein Trauma wird sowohl psychisch als auch leibhaft erlebt und findet seinen Ausdruck in verschiedenen körperlichen und psychischen Symptomen. Vieles ist nur körperlich erinnerbar und dem expliziten Gedächtnis nicht zugänglich (Levine, 2010). Durch die körperbezogene Arbeitsweise findet die KBT einen Zugang zum Trauma und kann den Verarbeitungsprozess ganzheitlich fördern. Vorteile der KBT als Traumatherapie sind:

- Traumatisierte Menschen fühlen sich im Alltag oft hilflos und den äußeren Einflüssen ausgeliefert. KBT-Angebote ermöglichen das *Erleben eigener Handlungsfähigkeit* und Selbstwirksamkeit.
- Traumafolgen entstehen, indem sich das Trauma von DAMALS im Körper JETZT immer wieder aktualisiert. Es braucht einen Zugang, der das Empfinden und Erleben im Jetzt verändert (van der Kolk, 2018). Die *Wahrnehmung im Hier und Jetzt* wird in KBT-Angeboten bewusst eingeübt und hilft traumatisierten Menschen zwischen dem Geschehen damals und dem Erleben jetzt zu unterscheiden.
- Die Trauma-Verarbeitung in der KBT gelingt nicht nur im Sprechen, sondern im Wieder-Erleben und im Begreifen mit allen Sinnen. Im Arbeitsprozess wird ganz bewusst zwischen Wahrnehmen/Bewegen und Denken/Sprechen gependelt, dadurch findet die Auseinandersetzung mit dem Trauma und seine *Aufarbeitung auf allen Ebenen* statt.
- Durch die körperbezogene Arbeit in der KBT wird der eigene *Körper neu kennen* gelernt. Traumabedingt abgespaltene und/oder abgewertete Körperbereiche können dadurch wieder angeeignet und positiv besetzt werden.
- Die Arbeitsweise der KBT ermöglicht es, dass sich frühe Traumatisierungen und Bindungstraumata zeigen können. Da die KBT-Therapeut*in auch als leibhaftes Gegenüber und als körperlich präsentes Hilfs-Ich zur Verfügung steht, werden *korrigierende Bindungserfahrungen* möglich.

7.3.1 Das Phasenmodell der Traumatherapie in der KBT

Das KBT-Traumatherapie-Konzept (Bidovec-Kraytcheva, 2020; Schmitz; 2004) orientiert sich am Phasenmodell der Psychotraumatologie (Huber, 2006; Sachsse, 2009).

7 Spezielle Indikationsfelder

Erste Phase: Stabilisierung

Zu Beginn der Therapie geht es darum, dass Patient*innen *Selbstregulation* auf der Körper- und Affektebene lernen und Ressourcen entwickeln. In der KBT werden in dieser Phase Angebote gemacht, welche die Wahrnehmungsfähigkeit der Patient*innen fördern: die Wahrnehmung des Raumes, von verschiedenen Objekten und des eigenen Körpers.

Für den Umgang mit Traumasymptomen wie Flashbacks, Intrusionen und Dissoziation werden sogenannte *Skills* (Stabilisierungstechniken) entwickelt. In der KBT werden diese Skills nicht nur kognitiv erlernt, sondern real erprobt, ganz-körperlich und viel-sinnig verinnerlicht. Zur Stabilisierung gehören auch Angebote, die das Gefühl von Sicherheit und Grenzen entstehen lassen.

Einen *Sicheren Ort* gestalten

In der Traumatherapie ist der imaginierte *Sichere Ort* ein Zufluchtsort, an dem sich Patient*innen sicher und beschützt fühlen. In der KBT wird dieser Ort mit wohlwollender Begleitung real gestaltet und mit allen Sinnen wahrgenommen, sodass er zu einer erfahrbaren Wirklichkeit wird. Dabei ermöglichen die Sinneserfahrungen im Hier und Jetzt eine nachhaltige Abspeicherung im expliziten und impliziten Gedächtnis. Der *Sichere Ort* wird im weiteren therapeutischen Prozess bei der Trauma-Konfrontation immer wieder abgerufen und neu gestaltet.

Damit ein Platz als sicher erlebt werden kann, braucht er *klare Grenzen*. Da traumatisierte Menschen häufig Grenzverletzungen erlebt haben, ist ihr Grenzempfinden verzerrt und es muss im Vorfeld gerade an diesem Thema sorgfältig gearbeitet werden. Durch unterschiedliche KBT-Angebote können heilsame Grenzerfahrungen gemacht werden, z.B.: Wände und Boden als Begrenzung erfahren; die Konturen des eigenen Körpers durch Abrollen mit einem Stab bzw. Ball oder durch Abstreifen mit den Händen wahrnehmen; verschiedene Grenzen zwischen Patient*in und Therapeut*in aufstellen – diese erfahren und verbal reflektieren.

7.3 KBT zur Behandlung von Trauma und Traumafolgen

KBT-Angebote zur Stabilisierung

Die Atmung

Wenn Betroffene von traumatischen Erfahrungen erzählen, werden sie oft emotional überflutet. In diesen Momenten kann das beruhigende Angebot des*der Therapeut*in, die Aufmerksamkeit auf die eigene Atmung zu lenken, Wirkung zeigen: die Atmung wird langsamer und tiefer, es findet Körper- und Affektregulation statt. Die Gefahr zu dissoziieren wird reduziert.

Manchmal sind die Emotionen vom Erlebten aber auch abgespalten – die Patient*innen erzählen über die Trauma-Ereignisse völlig emotionslos. In der Gegenübertragung spürt der*die Therapeut*in entweder selbst kaum etwas oder nimmt heftige Gefühle wahr, wie Angst, Ohnmacht, Trauer oder Wut. Durch die Intervention, die Erzählung zu stoppen und die Aufmerksamkeit auf die Atmung zu lenken, können die Patient*innen wieder einen Zugang zu ihren Gefühlen finden. Sie beginnen manchmal zu weinen, können ausdrücken, wie belastend die Ereignisse waren und wie schmerzvoll die Erinnerungen noch sind. Sie können dann sogar die Ohnmacht in der damaligen Situation benennen und erkennen, dass diese Ohnmacht teilweise auch jetzt ihr Leben dominiert.

Der Boden – die Schwerkraft

Die Patient*innen werden angeleitet, ihre Aufmerksamkeit auf den Boden zu lenken und bewusst das Feste, Stabile und Haltende des Bodens wahrzunehmen. Das Umlenken der Aufmerksamkeit von den traumatischen Bildern zum Spüren des Bodens im Hier und Jetzt beruhigt und stabilisiert: die Menschen beginnen tiefer zu atmen, ihr Blick richtet sich nicht mehr auf das Bedrohliche von damals, sondern auf das Sein im Hier und Jetzt. Es findet eine mental gesteuerte Selbstregulation auf physiologischer Ebene statt. Das wiederum wirkt sich auf Gefühle und Emotionen aus. Beim Erzählen laufen zwar die aus der traumatischen Vergangenheit stammenden Affekte im Jetzt ab, werden aber, anders als damals, als kontrollierbar erlebt. Es wird eigene Selbstwirksamkeit erfahren und dadurch Sicherheit gewonnen.

Die Atmung mit der Wahrnehmung des Bodens verbinden – das »ABS« (nach Bidovec-Kraytcheva, 2020):

> Ich bitte die Patient*innen einen Platz zu wählen, auf dem sie gut und sicher stehen und frei atmen können. Dann leite ich sie an, tief Luft zu holen, dabei bewusst wahrzunehmen, wie die Atemluft durch ihre Nasenlöcher in ihren Körper hinein- und weiterfließt – durch den Rachenraum, die Kehle hinunter in die Lunge. Nach einer kurzen Pause leite ich sie an, in den Bauch zu atmen und dabei die Ausdehnung wahrzunehmen. In einer dritten Sequenz bitte ich sie beim Einatmen in ihrer Vorstellung die Luft durch ihr Becken in die Beine weiterzuschicken, durch ihre Knie hinunter bis in die Füße: »Nehmen Sie wahr, wie die tief eingeatmete Luft durch Ihren ganzen Körper fließt und atmen Sie durch Ihre Fußsohlen in den Boden wieder aus. Begleiten Sie dabei den Weg der Luft bewusst mit Ihrer Aufmerksamkeit.«

Das Verbinden der Atmung mit der Wahrnehmung des Bodens bietet traumatisierten Patient*innen basale Sicherheit – es erdet, verwurzelt, sie fühlen sich getragen durch den Boden. Das »ABS»-Angebot hilft, das Vegetativum schnell zu regulieren und Erstarrung und Dissoziation zu stoppen.

Zweite Phase: Trauma-Verarbeitung

Zu Beginn dieser Phase lernen die Betroffene innere Trauma-Bilder nach außen zu projizieren – in der Psychotraumatologie »Screen-(Bildschirm-)Technik« genannt (Huber 2006). Diese Trauma-Exposition ist mit dem KBT-Begriff der *Externalisierung* gleichzusetzen. In KBT-Gestaltungsangeboten werden innerseelische (traumatische) Inhalte externalisiert, aus unterschiedlichen Perspektiven betrachtet, auf mehreren Sinnesebenen erfahren und verändert neu integriert.

7.3 KBT zur Behandlung von Trauma und Traumafolgen

Zuerst wird der ›Sichere Ort‹ aufgebaut und gut begrenzt. Die Patient*innen müssen in der Lage sein, ihre Skills zu Selbstregulation anzuwenden. Dann werden sie gebeten, die belastenden Ereignisse mit Gegenständen zu symbolisieren und diese im Raum, außerhalb des ›Sicheren Ortes‹ zu platzieren. Damit findet eine erste bewusste Distanzierung vom Trauma statt. In der Folge muss die Fähigkeit, sich dem Traumatischen anzunähern und davon wieder zu distanzieren, weiter ausgebaut werden, bevor eine Trauma-Konfrontation angeleitet wird.

> Ich bitte die Patient*Innen von ihrem ›Sicheren Ort‹ aus zur Trauma-Gestaltung unterschiedlich hinzuschauen, sich zu- oder abzuwenden, ihre Haltung und den Abstand dazu zu verändern. Dann biete ich an, einen Gegenstand aus dieser Gestaltung zu wählen und diesen, wenn möglich, zu sich zu nehmen und ihn mit allen Sinnen zu erfassen. Ich frage nach dem Körperempfinden, den Emotionen und nach den Bildern, die dabei aufsteigen. Dabei lasse ich zu, dass Patient*innen über Traumatisches erzählen. Immer wieder unterbreche ich, indem ich sie anleite ihre Aufmerksamkeit wieder auf das Hier und Jetzt zu lenken und ihr Vegetativum zu regulieren. Sobald ihr Erregungsniveau wieder gesunken ist, fahren wir fort. Ich unterbreche auch, wenn ich spüre, dass der Kontakt zu mir abbricht. Meist nehme ich dieses Phänomen körperlich wahr: es stellt sich eine Art Nebel bei mir ein, ich kann nicht mehr folgen, bin »woanders« oder mein Erregungsniveau steigt. Das erkenne ich als Zeichen, dass die Emotionen beim Gegenüber abgespalten sind und Dissoziation im Gang ist.

Diese Form der Trauma-Verarbeitung in der KBT ermöglicht den Patient*innen, die Konfrontation mit dem Trauma körperlich und emotional als Bewegung zu erleben. Sie bleiben nicht ›Zuschauer*innen‹ ihres eigenen ›Films‹, sondern werden zu ›Regisseur*innen der Handlung‹. Dadurch erleben sie sich als handlungsfähig und gewinnen Selbstvertrauen. Die Gefahr zu dissoziieren verringert sich und sie entwickeln ihre Fähigkeit zu Selbststeuerung weiter.

In dieser Phase ist die KBT-Therapeut*in in ihrer (Körper-)Haltung präsent, sie steuert den Prozess bewusst und leitet die Angebote direktiv an. Während der Trauma-Konfrontation steht sie auch als Hilfs-Ich zur Verfügung, stärkt die Patient*Innen (z. B. indem sie die Hand auf ihren Rücken legt) und bietet sich als (körperliche) Stütze an. Sie gibt den Geschehnissen Raum aber setzt ein »Stopp!«, falls Patient*innen dissoziieren. Zusammenfassend geht es in dieser Phase darum, sich den Ereignissen von damals bewusst anzunähern; sich den Körperempfindungen und den Gefühlen von damals bewusst zu werden; mit der Wahrnehmung zwischen dem Erlebten damals und dem Erleben jetzt zu pendeln und eine Regulation der körperlichen Phänomene sowie Beruhigung auf der emotionalen Ebene zu bewirken. Neurobiologisch gesehen werden dadurch neue Verbindungen geschaffen und gleichzeitig findet Differenzierung und Integration des Erlebten auf allen Ebenen statt.

Dritte Phase: Trauma-Integration

Ein Ziel in dieser dritten Phase ist es durchgehend den veränderten Umgang mit dem Trauma zu pflegen. Das Trauma wird als wichtiger Teil der Lebensgeschichte erkannt und in diese integriert. In der KBT findet die Integration auf allen Ebenen statt: Körper-, Gefühls-, Kognitions-, Handlungs- und Beziehungsebene. Dabei können die Betroffenen bereits ihre Affekte wahrnehmen und bewusst steuern; es gelingt ihnen immer öfter, intrapsychische Vorgänge zu verstehen und zu kontrollieren, sie erleben sich in ihrem Alltag durchgehend handlungsfähig. Auch ihr Beziehungsleben verbessert sich. Die posttraumatische Symptomatik weicht völlig. Diese ganzheitliche Veränderung führt demnach zu einer neuen Lebensqualität.

> Gegen Ende der Traumatherapie bot ich Frau T. an, eine Lebenslinie zu gestalten. Sie sollte ihre traumatischen Erlebnisse durch Gegenstände symbolisieren und in die Gestaltung ihrer Lebensgeschichte einordnen. Dann schauten wir gemeinsam aus verschiedenen Blickwinkeln darauf; gingen körperlich und verbal der Lebenslinie entlang. Um die Integration ganzheitlich zu fördern, lud ich sie immer wieder ein, innezuhalten und nachzuspüren, wie ihr Körperempfinden und ihre emotionale Befindlichkeit an der jeweiligen Stelle gerade waren. Am Schluss der Einheit stellten wir uns ans Ende der Gestaltung, das für die Ge-

genwart stand. Wir blickten gemeinsam »zurück« mit der Erkenntnis, dass Frau T. bis dato Höhen und Tiefen, Schönes und Belastendes erlebt hatte, dass jedoch das Schwierige, das Traumatische, in der Vergangenheit lag und sich gegenwärtig nicht mehr so bedrohlich anfühlte. Zufriedenheit und ein Gefühl von Stolz tauchten bei ihr auf. Die Patientin erkannte, dass sie am Erlebten gewachsen und stärker geworden war. Diese für uns beide sehr berührende Stunde wurde zu einem gut gelungenen Therapieabschluss.

Trauma-Integration auf Körperebene:

Traumata sind im Körper gespeichert. Oft sind bestimmte Körperstellen damit besetzt. Durch das Berühren mit den eigenen Händen oder über den Atem können Patient*innen eine Verbindung zwischen den Trauma besetzten Körperbereichen und dem restlichen Körper, bzw. anderen, positiv besetzten Stellen, herstellen.

Bei Frau B. »saß« das Trauma im Brustkorb. Dissoziation kündigte sich an durch ein »Engwerden im Hals« und das Gefühl, »keine Luft zu bekommen«. Die Sicherheit wiederum spürte sie in den Beinen. Wenn sie bewusst ihre Hände an ihre Hüften legte und dadurch ihren stabilen Stand wahrnahm, fühlte sie sich erwachsen. Ich leitete sie an, mit der Aufmerksamkeit zwischen ihrem Hals und ihren Hüften hin und her zu pendeln und dies mit ihrem Atem zu begleiten. Dadurch »wanderte« die Enge im Hals hinunter und die Stärke aus den Hüften »stieg« nach oben. Frau B. nahm eine ganzheitliche Veränderung im Körper wahr: Weite, Wärme, Kraft und ein »Ganz-Sein«. Sie spürte ihren Hals nun als Teil des gesamten Körpers und folgte ihrem Impuls ihn zu beschützen, indem sie ihre Hand drauflegte (Körperanker). Das Trauma-Symptom wich einer Selbstfürsorgehandlung, Frau B. gewann zunehmend Sicherheit im Umgang mit dem eigenen Körper und dadurch wieder an Lebensqualität.

7.3.2 Der Umgang mit Berührung

In der Traumatherapie sind Berührungen möglich und in vielen Fällen auch wichtig und sogar notwendig. Voraussetzung dafür ist, dass Berührungsangebote besonders achtsam angeleitet werden und Folgendes dabei beachtet wird:

- Stabile therapeutische Beziehung und keine Täterübertragung durch den*die Therapeut*in
- Um Erlaubnis fragen, ob und an welcher Stelle Berührung stattfinden darf
- Im Vorfeld erklären, wie das Angebot abläuft und wie lange es dauert
- Die Möglichkeit während des Angebotes die Augen offen zu halten
- Auf den Gebrauch der »Stopp-Regelung« hinweisen
- Auch der*die Therapeut*in darf (z. B. aufgrund negativer Gegenübertragung) unterbrechen
- Strukturierte Anleitung, kontinuierliche verbale Begleitung, keine Stille entstehen lassen
- Klare Berührung – kein undefinierbares »drüber streichen«
- Immer wieder fragen, wie die Berührung sich JETZT gerade anfühlt und nicht, woran sie erinnert

7.3.3 Abschließende Gedanken

Da ein Trauma den Menschen als Ganzes erfasst muss auch die Traumatherapie den Menschen als Ganzes behandeln. Die KBT bietet einen solchen ganzheitlichen Ansatz. Sie hat für jede Phase die passenden Angebote und die Aufarbeitung des Traumas findet auf allen Ebenen statt. Die Heilung findet nachhaltig Einzug im Alltag der Betroffenen, führt zu Steigerung der Lebensqualität und besseren sozialen Integration.

Literatur

Bidovec-Kraytcheva, M. (2020). Die Konzentrative Bewegungstherapie – auch eine eigenständige Trauma-Psychotherapie. Die KBT als körper- und handlungsori-

entierter Ansatz zur Behandlung von Patient*innen mit Komplexen Traumafolgestörungen und Dissoziation. Arbeit zur Erlangung der Lehrbeauftragung im ÖAKBT.
Huber, M. (2006). Wege der Trauma-Behandlung. Paderborn: Junfermann.
Levine, P. (2010). Sprache ohne Worte. Wie unser Körper Trauma verarbeitet und uns in die innere Balance zurückführt. München: Kösel.
Sachsse, U. (2009). Traumazentrierte Psychotherapie. Stuttgart: Schattauer.
Schmitz, U. (2004). Konzentrative Bewegungstherapie (KBT) zur Traumabewältigung. Göttingen: Vandenhoeck & Ruprecht.
van der Kolk, B. (2018): Verkörperter Schrecken. Traumaspuren im Gehirn, Geist und Körper und wie man sie heilen kann. Lichtenau: Probst.

7.4 KBT mit Menschen mit Lernschwierigkeiten

Gudrun Achatz-Petz

Lange Zeit galt Psychotherapie mit Menschen, die eine eingeschränkte kognitive Reflexionsfähigkeit haben, in Fachkreisen als unmöglich. Erst in den 1980er und 1990er Jahren begann man, sich im Zuge von pädagogischen und psychiatrischen Emanzipationsbewegungen, verstärkt mit der psychischen Entwicklungs- und Fördermöglichkeit von Menschen mit diversen Behinderungen auseinanderzusetzen.

Nach heutigem Erkenntnisstand sind Menschen mit kognitiven Einschränkungen deutlich vulnerabler für somatische und psychische Erkrankungen (Deutsche Gesellschaft für Kinder- und Jugendpsychiatrie, Psychosomatik und Psychotherapie, 2021). Barbara Senckel (2001) schätzt, dass Menschen mit Lernschwierigkeiten vier bis fünf Mal häufiger unter psychischen Störungen leiden als andere Menschen. Die Gründe dafür sieht sie vor allem in der Reizverarbeitungsschwäche, die mit der kognitiven Einschränkung einhergeht, und den daraus resultierenden vielfältigen Stressbelastungen und Anpassungsschwierigkeiten. Ein Teufelskreis aus Überforderung, Missverständnissen und Hilflosigkeit entsteht, unter dem die betroffenen Personen und deren soziales Umfeld leiden.

Um Menschen mit kognitiven Einschränkungen psychotherapeutisch behandeln zu können, muss man keine neuen Konzepte entwickeln, die bestehenden Angebote müssen jedoch auf spezifische Art und Weise angepasst werden (Sohlmann, 2009; Hermes, 2017; Deutsche Gesellschaft für Kinder- und Jugendpsychiatrie, Psychosomatik und Psychotherapie, 2021). Über die verschiedenen psychotherapeutischen Fachrichtungen hinweg gibt es einen breiten Konsens, welche Anpassungen in der Behandlung von Patient*innen mit kognitiven Einschränkungen notwendig sind.

Wahrnehmungs- und Entwicklungsprozesse laufen deutlich langsamer ab, als dies in der Behandlung anderer Personen der Fall ist. Das bedeutet, dass seitens der Behandler*innen viel *Geduld* aufgebracht werden muss. Zahlreiche *Wiederholungen* einzelner Angebote oder Sequenzen sind notwendig und werden zum Teil auch von den Klient*innen selbst eingefordert.

Um möglichst gut verstanden zu werden, ist es wichtig, dass man eine leicht verständliche, einfache *Sprache* spricht (Bredel & Maaß, 2017). Die Sätze sollen kurz sein und keine Fremdwörter enthalten. Neben der gesprochenen Sprache sind sämtliche anderen Ebenen der Kommunikation wie Bilder, Symbole und andere nonverbale Signale wichtige Formen der Verständigung und können gezielt genutzt werden.

Die kognitive Reflexionsfähigkeit ist eingeschränkt und bekommt deshalb nicht denselben Stellenwert, wie dies üblicherweise in psychotherapeutischen Prozessen der Fall ist. Der *Handlungsebene*, dem Erleben, Üben und Experimentieren kommt eine größere Bedeutung zu.

Räumliche und zeitliche Bedingungen müssen möglichst klar und verlässlich gestaltet werden und der Ablauf der therapeutischen Einheiten braucht eine einheitliche, sich wiederholende *Struktur*, wie z. B. Anfangs- und Beendigungsrituale. Die begrenzte Aufnahme- und Konzentrationsfähigkeit mancher Klient*innen erfordert es, kürzere Einheiten festzulegen.

In der Behandlung von Menschen mit Behinderung müssen *Bezugspersonen* oft miteinbezogen werden, denn zunächst kommt der Auftrag zur Psychotherapie meist von ihnen und nicht von den Patient*innen selbst. Hier braucht es viel Klarheit und Transparenz seitens der Psychotherapeut*innen. So ist es wichtig in erster Linie der behandelten Person, deren Entwicklung und inhaltlichen Auftrag verpflichtet zu bleiben und Geheimnisse zu bewahren. Gleichzeitig ist das Gelingen eines therapeutischen Prozesses stark vom Vertrauen und von der Zusammenarbeit mit Eltern, Betreuer*innen und der Erwachsenenvertretung abhängig. Organisatorische und institutionelle Rahmenbedingungen sind meist stark vorgegeben. Sehr häufig braucht es auch eine Begleitung für den Weg in die Psychotherapie.

Neben der Arbeit in der Einzeltherapie bietet die Arbeit im *Gruppensetting* sinnvolle und therapeutisch wirksame Möglichkeiten. Die Stärke der Gruppenpsychotherapie in der Arbeit mit Personen mit Lernbehinderungen ist die konkrete Förderung der Empathie- und Kommunikationsfähigkeit, da Einschränkungen in diesen Bereichen im Alltag häufig zu Schwierigkeiten führen. Weiters können geteilte Erfahrungen von anderen Personen zu einer differenzierteren Wahrnehmung der eigenen Person und in der Folge zu einem stärkeren Identitätsempfinden führen. Im Idealfall kann in der Gruppe eine stärkende Erfahrung von Solidarität und Zusammenhalt erlebt werden (Yalom, 2007).

Die Behandlung im *Einzelsetting* hat hingegen den großen Vorteil, dass die uneingeschränkte Aufmerksamkeit der Therapeut*innen, Zeit und Raum exklusiv für die einzelnen Klient*innen zur Verfügung stehen. Dies ist besonders für Menschen, die in Einrichtungen und damit in einem ständigen Kollektiv leben, eine ausgleichende Erfahrung.

Einigkeit herrscht auch darüber, dass dem Kontakt- und Beziehungsaufbau mit den Klient*innen immer Vorrang gegenüber methodischer Techniken eingeräumt werden muss.

7.4.1 Spezifische Möglichkeiten und Chancen der KBT

Die Konzentrative Bewegungstherapie ist durch ihren wahrnehmungs- und handlungsorientierten Ansatz in der psychotherapeutischen Arbeit besonders geeignet, einerseits sehr Verstand-orientierte Menschen und andererseits Menschen mit eingeschränkter Mentalisierungsfähigkeit gleichermaßen zu behandeln.

Menschen mit eingeschränkten kognitiven Fähigkeiten haben meist eine eingeschränkte »Verfügbarkeit über psychische Funktionen in der Regulierung des Selbst und seiner Beziehung zu den inneren und äußeren Objekten« (Arbeitskreis OPD, 2006, S. 225). Der grundsätzlich phasenspezifische Zugang und die entwicklungspsychologische Erklärung der Wirkweise der KBT ermöglichen einen sinnvollen Einstieg in die psychotherapeutische Arbeit mit Menschen, die an strukturellen Defiziten sowohl im emotionalen als auch im kognitiven Bereich leiden.

Scheepers-Assmus et al. (2016) weisen darauf hin, dass die Symbolisierungs- und Mentalisierungsfähigkeit in der KBT auf verschiedenen Ebenen gefördert wird. Der differenzierte Einsatz von Gegenständen in der KBT bietet vielfältige Möglichkeiten die Sinneswahrnehmung, die Symbolisierungsfähigkeit und die zwischenmenschliche Kommunikation anzuregen und zu fördern. Menschen, die über keine oder eingeschränkte verbale Begriffe für ihre Emotionen und Empfindungen verfügen, können durch die Verwendung von Gegenständen zu einer nonverbalen Ausdrucksmöglichkeit finden, dadurch können innere Zustände benannt und von anderen gesehen und verstanden werden.

Der Grundsatz in der KBT, dass es um ein *Üben ohne Übungen* geht, dass es kein *Richtig oder Falsch* gibt, ist gerade in der Arbeit mit Menschen, die häufig große Angst haben, etwas falsch zu machen, eine unabdingbare therapeutische Haltung.

7.4.2 Zentrale Themen in der Arbeit mit Menschen mit Lernbehinderungen

Förderung der Wahrnehmung der eigenen Grenzen

Die Lebensrealität von Menschen mit Behinderung ist es, nur wenige Möglichkeiten zu haben, über die eigenen Grenzen bestimmen zu können. Körpergrenzen müssen aus medizinischen und pflegerischen Gründen unter Umständen verletzt werden. Ein persönlicher Raum existiert vielfach nur eingeschränkt, da die Betroffenen auf Unterstützung bei der Körperpflege, dem Wohnen und Arbeiten angewiesen sind. Die Entwicklung eines altersgemäßen Selbstwertes steht dabei im Widerspruch zur Tatsache lebenslang auf Unterstützung angewiesen zu sein. So kommt es zu großen inneren Spannungen, die zu Konflikten und Auseinandersetzungen führen.

Frau B., Mitte 40, ist wegen Depressionen und verschiedenen Konflikten in der Wohneinrichtung in psychotherapeutischer Behandlung. Sie kann sich sprachlich-kognitiv altersgemäß ausdrücken, wirkt aber emotional kindlich, wenig differenziert und regulierungsfähig. Ihre Selbstwahrnehmung schwankt zwischen Über- und Unterschätzung. Sie leidet unter den Einschränkungen, die ihr in der Wohneinrichtung auferlegt werden und durch die abgeschiedene Lage ist ein selbständiges Ausgehen praktisch nicht möglich. Die Sauberkeit in ihrem Zimmer und auch ihrer Wäsche werden von den Betreuungspersonen laufend kontrolliert. Obwohl sie körperlich groß ist, nimmt das gezeichnete Körperselbstbild nur ein Viertel des Blattes ein. Regelmäßig, meist gegen Ende der Therapieeinheit, wird ein Angebot zur Wahrnehmung ihres Standes/Stehens gemacht und dabei vor allem die Aufrichtung und die Größe betont. Nachdem die Eigenständigkeit gut wahrgenommen werden kann, rollt die Therapeutin mit einem Igelball die äußeren Körperkonturen der Patientin ab. Dadurch wird ihr einerseits ihre Körpergrenze, andererseits ihre reale Größe verdeutlicht. Sie verlässt aufrecht und erwachsen die Praxis. Sie nimmt dieses Angebot jedes Mal gerne wieder an.

Frau L. ist Mitte 20. Sie kann sich nicht verbal ausdrücken. Grund der Überweisung zur Psychotherapie ist eine Zwangssymptomatik, die in der Arbeits- und Wohneinrichtung zu Problemen führt. Eine Traumatisierung in der Kindheit wird von der behandelnden Psychiaterin und den Betreuer*innen vermutet. Frau L. ist nonverbal sehr offen und genießt die Stunden mit der Psychotherapeutin. Über Musik, gemeinsame Bewegung und spielerische Kommunikation mit Gegenständen entwickelt sich eine vertrauensvolle Atmosphäre. Frau L. wählt die größte und weichste Decke für sich aus und legt sich darauf. Sie stimmt zu, dass ihr die Therapeutin mit einem festen Ball die Körpergrenzen verdeutlicht, und fordert dies in der Folge in jeder Stunde wieder ein. Die Grenze des eigenen Raumes bestimmt sie selbst durch die große, weiche

Decke, die Körpergrenzen lässt sie sich durch die Therapeutin zeigen. Beide Formen der Grenzziehung finden fortan in jeder Behandlungsstunde statt. Die Patientin wirkt zunehmend selbstbewusster, kleidet sich bunter, schmückt sich gerne und lacht mehr.

Identitätsstärkung durch die Wahrnehmung der eigenen Körperstruktur

Wenn in der KBT zur differenzierten Wahrnehmung der eigenen Körperstruktur angeregt wird, dann wird damit ein basales Gefühl von Identität gefördert. Ein selbstverständliches Empfinden einer eigenen, abgegrenzten Identität ist bei Menschen mit mehrfacher Behinderung vielfach fragmentiert und nur in geringem Ausmaß vorhanden. In der Symbolisierung von Köperselbsterfahrung, z. B. als Körperbild mit Gegenständen, wird dies sehr oft deutlich. In unverbundenen Einzelteilen drückt sich häufig auch die Unverbundenheit mit dem eigenen Empfinden aus. Die Arbeit mit Teilen des Körpers kann in solchen Fällen sichernd und verbindend wirken.

Eine 18-jährige Frau wird wegen emotionaler Unausgeglichenheit und häufigen Konflikten in der Ausbildungseinrichtung zur Psychotherapie vermittelt. Ablösungsthemen, Autonomie-Abhängigkeits-Konflikte, die anstehende berufliche Entwicklung und die Stärkung des Selbstbewusstseins sind die vorherrschenden Themen. Die Therapeutin zeichnet die Konturen der Hände und der Füße nach, gemeinsam wird gesammelt und hineingeschrieben, was diese Körperteile alles können. Viele Jahre später nimmt die Patientin darauf Bezug und sagt, wie wichtig es damals für sie war, denn erst dadurch seien ihr die eigenen Kompetenzen bewusst geworden.

Nonverbale Kommunikation und Interaktionen

Vielfältige nonverbale Interaktionen zwischen Patient*innen und Therapeut*innen wirken selbstwertstärkend und entwicklungsfördernd. Die Beziehung wird real und konkret in der Gegenwart erlebbar. Eine hilfreiche therapeutische Begegnung, die auf Vertrauen und Respekt basiert, ist geprägt durch den respektvollen Umgang auf Augenhöhe. In diesem Rahmen können sogar Kraft und Aggression ausgedrückt, bearbeitet und gelebt werden, ohne dass jemand oder etwas dabei zu Schaden kommt.

> Ein ca. 30-jähriger Mann lebt nach dem Tod seiner Eltern in einer Wohneinrichtung der Behindertenhilfe. Sucht- und Zwangsverhalten sind der Anlass für die Vermittlung zur Einzelpsychotherapie, weiters ist er immer wieder depressiv und suizidal. Obwohl der Mann sich sprachlich ausreichend ausdrücken kann, sind die Gespräche schleppend, eine Verkürzung der Therapiezeit wird vereinbart. Für ihn ist die Situation im Einzelkontakt überfordernd, gleichzeitig will er jedoch immer wieder kommen. Ballspiele in vielerlei Variationen bewähren sich bei der Kontaktaufnahme und werden in der Folge von ihm eingefordert. Er kann kräftig und geschickt werfen und wirkt dabei wesentlich selbstbewusster und aktiver als in Gesprächen. Seine Stimmung hellt sich im Verlauf der Therapie auf.

Eigene Entscheidungen treffen können

Die freien Entscheidungsmöglichkeiten sind im Alltag von Menschen mit Beeinträchtigungen häufig eingeschränkt. Die Erfahrung von Selbstwirksamkeit und Selbstbestimmung ist meist nur unzureichend möglich und die Entscheidungsfähigkeit verkümmert, Resignation und ein geringes Selbstwertgefühl sind die Folge. Durch die Akzeptanz von realen Lebensbedingungen können trotzdem Freiräume für individuelle Entscheidungen erschlossen werden, welche die Lebensqualität und die Zufriedenheit stärken.

> Die bereits oben erwähnte Frau B., die mit den Einschränkungen durch die Institution, in der sie lebt und arbeitet, sehr hadert, wird aufgefordert, ihre Augen zu schließen und sich verstärkt auf den Tastsinn zu verlassen. Von der Therapeutin werden ihr Gegenstände mit verschiedenen Qualitäten gereicht. Sie soll rasch entscheiden, ob sie diesen behalten oder weglegen mag. Es entstehen zwei Bereiche, die im Anschluss

noch betrachtet werden. Wie schnell und einfach die Auswahl getroffen wurde, wird im Anschluss reflektiert und gewürdigt. Die Klientin wird angeregt, Möglichkeiten im persönlichen Alltag zu entdecken, wo sie genau diese Fähigkeit umsetzen kann.

7.4.3 Fazit

Wie hier gezeigt wurde, ist die psychotherapeutische Behandlung von Menschen mit Lernbehinderungen nicht nur möglich, sondern hilfreich und sinnvoll. Erworbene sekundäre Behinderungen, aufgrund der erfahrenen Kränkungen und Einschränkungen sowie der aktuellen Lebensumstände, können wie bei allen erworbenen Erlebens- und Verhaltensweisen durch Psychotherapie positiv beeinflusst und verändert werden. Die Therapeut*innen sind gefordert, sich authentisch und respektvoll für neue und heilsame Beziehungserfahrungen zur Verfügung zu stellen. Die vielfältigen nonverbalen Möglichkeiten des Handelns und Experimentierens in der Konzentrativen Bewegungstherapie sind gut geeignet, einen kreativen Psychotherapieprozess zu gestalten und eine Persönlichkeitsentwicklung bei Menschen mit eingeschränkter Lern- und Mentalisierungsfähigkeit zu ermöglichen.

Literatur

Arbeitskreis OPD (2006). *Operationalisierte Psychodynamische Diagnostik OPD-2. Grundlagen und Manual.* Bern: Hans Huber.
Bredel, U. & Maaß, C. (2017). *Ratgeber Leichte Sprache.* Die wichtigsten Regeln und Empfehlungen für die Praxis. Berlin: Dudenverlag.
Deutsche Gesellschaft für Kinder- und Jugendpsychiatrie, Psychosomatik und Psychotherapie (2021). S2k Praxisleitlinien Intelligenzminderung. AWMF online Nr. 028–042. Zugriff am 26.05.2022 unter: www.awmf.org/uploads/tx_szleitlinien/028-042l_S2k_Intelligenzminderung_2021-09.pdf
Hermes, V. (2017). *Beratung und Therapie bei Erwachsenen mit geistiger Behinderung.* Bonn: Hogrefe.
Scheepers-Assmus, C., Kintrup, K., Eulenpesch, B., Freudenberg, N., Kühnel, U. & Stippler-Korp, M. (2016). Diagnostik in der KBT. *Konzentrative Bewegungstherapie,* 45: Sonderheft

Senckel, B. (2001). *Die »Entwicklungsfreundliche Beziehung« – ein Angebot für Menschen mit schweren Verhaltensauffälligkeiten.* Zugriff am 29.05.2022 unter: https://sedip.de/media/senckel_b_2001_efb_fuer_verhaltensauffaelligkeit.pdf.
Sohlmann, S. (2009). *Behinderung bei Kindern und Jugendlichen.* Wien: Facultas.
Yalom, I. (2007). *Theorie und Praxis der Gruppenpsychotherapie.* Stuttgart: Klett-Cotta.

7.5 Von der Ohnmacht ins Tun: Trauerbegleitung mit KBT

Christa Sommerer

Tiefgreifende gesellschaftliche Veränderungen haben in unserer westlichen Gesellschaft den Umgang mit Tod und Trauer verändert und dazu geführt, dass wir den Umgang damit ein Stück weit verlernt haben. Aus diesen Gründen zeigt sich ein wachsender Bedarf an individueller Trauerbegleitung (Lammer, 2014).

> Eine 40-jährige Frau hat durch einen tragischen Unfalltod ihre Schwester verloren. »Wenn ich die Gefühle zulasse, werde ich verrückt.« Sie arbeitet bis zur Erschöpfung, um sich von ihrer Trauer abzulenken. Die Angst, dass der Schmerz sie überwältigt, lässt sie das Trauern vermeiden.

Schwere Verlusterfahrungen bewirken ein Gefühl der Ohnmacht und Überforderung, was wiederum zur Vermeidung von Trauerreaktionen führt. Dieser Beitrag beschäftigt sich mit den Fragen, welche Haltung es in der Begleitung Trauernder braucht und welche Hilfestellungen die KBT den Trauernden bieten kann, um aus der erlebten Ohnmacht wieder in die Handlungsfähigkeit zu gelangen.

7.5.1 Haltung und Halt in der Beziehungsgestaltung

Nach dem Verständnis der KBT begegnen sich in der Therapie zwei Menschen mit ihren je eigenen Schicksalen, die sich in ihrer Wesensart ebenbürtig sind (Schwarze, 2006). Trauernde Menschen wollen in ihrer Art des Trauerns und in ihren Anliegen ernst genommen und in ihrer Ganzheit gesehen werden. Nur dort, wo der ganze Mensch mit seinen Wertvorstellungen, Ressourcen und Wünschen einen Raum und damit Halt findet, können die Konsequenzen des Verlustes verarbeitet werden (Znoj, 2016).

Eine vertrauensvolle Beziehung zwischen Therapeuten*in und Klient*in ist für jeden erfolgreichen Begleitprozess eine zentrale Voraussetzung. Das gilt im Besonderen für trauernde Menschen. Diese sind von einem geliebten Menschen verlassen worden und brauchen nun jemanden, auf den sie sich verlassen können. In der Beziehung muss nicht nur ein Raum für die trauernde Person eröffnet werden, sondern auch für den Menschen, um den getrauert wird.

»Der Verlust eines geliebten Menschen ist eine der schmerzlichsten Erfahrungen, die jemand machen kann. Und es ist nicht nur schmerzlich, einen Verlust zu erleiden, sondern auch sehr schmerzlich, Zeuge eines Verlustes zu sein, da man so wenig helfen kann« (Bowlby, 2006, S.17). In der Begleitung ist der Schmerz unvermeidlich, weil beide Seiten nicht zufrieden gestellt werden können: »Der Beratende kann die verstorbene Person nicht wieder lebendig machen, und der Trauernde kann den Helfenden nicht zufriedenstellen, indem er den Anschein erweckt, dass ihm wirklich geholfen sei« (Parkes, 1972, zitiert nach Worden, 2011, S. 237). Als Begleiter*in gilt es einen Umgang mit dieser Hilflosigkeit zu finden, damit sie nicht zu Wut und Frustration oder sogar einem Beziehungsabbruch führt.

Birgit Wagner (2013) sieht grundsätzlich die Gefahr von zwei Reaktionsstilen im Umgang mit Trauernden: die Vermeidung und die Überidentifizierung. Hierzu ein Beispiel aus einem Ausbildungskurs für Trauerbegleiterinnen:

> Eine Trauerbegleiterin, die selbst seit 5 Jahren verwitwet ist, begleitet eine Frau, die vor kurzem ihren Mann durch einen Unfalltod verloren

hat. Sie kann den Schmerz der Frau verstehen und sie anfangs sehr einfühlsam begleiten. Nach einigen Wochen wird bei der Klientin der Trauerschmerz durch heftige Wutgefühle abgelöst, mit denen die Trauerbegleiterin nicht umgehen kann. Sie wird selbst wütend auf die trauernde Frau und möchte die Begleitung abbrechen. In der Supervision wird deutlich, dass die Begleitung an die eigenen Wutgefühle rührt, die sie in ihrer Trauer nie zulassen konnte.

Verlusterfahrungen berühren uns in dreifacher Hinsicht:

- Wir werden mit unseren eigenen Trauererfahrungen konfrontiert. Haben wir diese nicht verarbeitet, kann das in der Begleitung sehr hinderlich sein. Bei ausreichender Integration hingegen ist eine ähnliche Trauererfahrung von Nutzen.
- Wir werden als Begleitende mit unseren eigenen Verlustängsten konfrontiert, besonders dann, wenn der Verlust eines Menschen, den wir begleiten, dem Verlust ähnelt, den wir selbst am meisten fürchten.
- Wir werden mit unserer eigenen Sterblichkeit und deren Unausweichlichkeit konfrontiert und müssen uns mit den eigenen Ängsten rund um Tod und Sterben auseinandersetzen.

Um traumatisierende Übertragungen zu vermeiden oder frühzeitig zu erkennen, ist es notwendig, wie in der Traumatherapie, auf das eigene Körperempfinden und die eigene Körperresonanz zu achten (Schmitz, 2004). Um »Mitfühlensmüdigkeit« zu verhindern, sollten wir »Trauerpausen« einlegen und uns um einen guten Ausgleich und für eine maßvolle Arbeitsdichte sorgen (Huber, 2012, S. 34). »Im Privatleben sollten wir hin und wieder vergessen, dass wir Therapeutinnen sind« (Schwarze, 2006, S. 132). Ein Rat, der besonders in der Trauerbegleitung hilfreich ist.

7.5.2 Trauer begreifen – Trauerbegleitung mit KBT

In meiner Arbeit als KBT-Therapeutin mit Trauernden orientiere ich mich am Modell der Traueraufgaben von Kerstin Lammer (2014). Dieses öffnet den Raum für individuelle Trauererfahrungen und verschiedene Stile der

Verarbeitung und ermöglicht Betroffenen aus der erlebten Hilflosigkeit auszusteigen, weil sie eine Aufgabe haben und somit etwas tun können. »Von grundlegender Bedeutung ist in der KBT die Erfahrung des Eigenen, des Proprium, der Erfahrungen also, die über die Sinne als zu einem selbst gehörend wahrgenommen werden« (Budjuhn, 1997, S. 76). So wird in den KBT-Angeboten die Selbstwahrnehmung und damit auch die Handlungskompetenz der Trauernden gefördert, und die Selbstwirksamkeit und Eigenständigkeit betont.

Den Tod begreifen helfen

Hilfreich ist von therapeutischer Seite eine klare, nicht-euphemistische Sprache, z. B.: »Ihr Mann ist tot« und nicht: »Er ist von uns gegangen«. Der Tod muss weiters auch »sinnenfällig« (Lammer, 2014, S. 80) begriffen werden. Das geschieht über das Sehen, Hören, Riechen und Fühlen. Wo keine Verabschiedung vom Verstorbenen mehr möglich ist, lassen sich nachträgliche Verabschiedungsrituale und -formen finden, mit Symbolgegenständen aus dem Praxisraum oder mit mitgebrachten Erinnerungsstücken.

Reaktionen Raum geben

»Den Gefühlen der Trauernden soll ein Erlebnis- und Erlaubnisraum geöffnet werden« (Lammer, 2014, S. 83). Es geht hier um die Bereitstellung eines Raumes, sowohl eines konkreten äußeren Raumes als auch eines Innenraumes. Bei dem*der Trauerbegleiter*in ist das eine möglichst offene Haltung, die sensibel auf die Bedürfnisse der Trauernden reagiert und sie zum Trauern ermutigt. Besonderes Augenmerk ist dabei auf ambivalente Gefühle bei Trauernden zu legen. Gefasste Trauernde brauchen oft besondere Hinwendung. Im Mittelpunkt steht das »Fördern«, nicht das »Fordern« (ebd., S. 83).

Manche Menschen können keine Trauerreaktionen zulassen, weil sie Angst haben, dass sie dann vom Schmerz überrollt werden oder komplett den Boden unter ihren Füßen verlieren. Eine Klientin schildert das folgendermaßen: »Ich kann nicht weinen, weil wenn ich einmal anfange, dann kann ich nie mehr aufhören.« Ein anderer Klient meinte in der ersten Stunde: »Wissen Sie, der Tod meiner Frau ist wie ein Abgrund. Wenn ich zu nahe hingehe, dann stürze ich ab!«

Die Therapie ist am effektivsten, wenn alle Beteiligten wissen, wie der Entwicklungsprozess vonstattengeht (Barrett & Stone Fish, 2016). In der Trauerbegleitung müssen, ebenso wie in der Traumatherapie, die einzelnen Schritte klar und transparent sein. Mit ausreichendem Wissen können die Trauernden ihre psychische und physische Befindlichkeit besser verstehen und einordnen. Störende Verhaltensweisen werden als wichtige Schutzfunktionen und Reaktionen auf die traumatische Erfahrung verstanden (Reddemann & Dehner-Rau, 2013). Aus dem Wissen um die ganze Bandbreite an Trauerreaktionen und der Bestätigung von therapeutischer Seite, dass alle Reaktionen und Gefühle angemessen und normal sind, erwächst Sicherheit.

Über das konkrete körperliche Erfahren und Tun in einem KBT-Angebot kann an kreative Fähigkeiten und Ressourcen angeknüpft werden und die Klient*innen erleben eine heilsame Selbstwirksamkeit (Schreiber-Willnow, 2016).

Ein Klient hat seine Frau durch einen Gehirntumor verloren. In der ersten Stunde bitte ich ihn, sich einen Platz im Raum zu suchen, der seiner momentanen Befindlichkeit entspricht. Er stellt sich mit dem Gesicht vor die Eingangstür zum Therapieraum. Seine Wahrnehmung: dunkel, enges Sichtfeld, kalt, Körper starr und unbeweglich. Ich ermutige ihn, sich langsam zu drehen und damit die Blickrichtung zu verändern. Jetzt schaut er in die entgegengesetzte Richtung und hat Aussicht, Helligkeit und interessante Gegenstände im Blickfeld. Diese kleine Körpersequenz löst im Klienten ein freudiges Erstaunen, ein »Ja, so!«-Erlebnis (Braus, 2003 zitiert nach Paluselli, 2005, S. 208) und gleichzeitig Traurigkeit aus. Freude, dass er etwas verändern kann und Traurigkeit, dass er das Interessante und Schöne nicht mehr mit seiner Frau teilen kann.

Anerkennung des Verlusts äußern

Eine wichtige Aufgabe in der Trauerbegleitung ist neben der Würdigung des Verstorbenen die Würdigung der Hinterbliebenen. Das Wahrnehmen und Bezeugen ihres Verlustes und wie sie damit umgehen, lässt das Vertrauen in die eigenen Fähigkeiten wieder wachsen und führt aus der Ohnmacht in die Handlungsfähigkeit.

Trauernde fühlen sich vom gesellschaftlichen Umfeld oft unter Druck, weil sie über längere Zeit trauern aber eigentlich wieder »funktionieren« sollten. In der Therapie werden ihre Bemühungen und Erfolge gesehen und gewürdigt und wenn sie auch noch so unbedeutend scheinen.

Eine wertschätzende Atmosphäre, welche individuelles Trauern zulässt und mitträgt, erlaubt gleichzeitig auch die Lust aufs Leben wiederzufinden (Znoj, 2016). Lebenslust kommt besonders im Spiel zum Tragen, welches in der KBT eine wichtige Bedeutung hat (Lechler, 2006). Es schafft ein Gegengewicht zur Schwere der Trauer und »bringt Humor und Fröhlichkeit in belastende Situationen, stärkt so die Resilienz und fördert ein allgemeines Gefühl des Wohlbefindens, und sei es auch nur für einen Augenblick« (Ogden et al., 2010, S. 242).

Übergänge unterstützen

> Eine Frau, Mitte 70, hat vor 7 Monaten durch eine Krankheit ihre Tochter verloren. Sie sagt gleich zu Beginn: »Ich kann meine Tochter nicht loslassen, auch wenn alle das von mir wollen.« Sie leidet sehr unter dem Verlust und fühlt sich irgendwie nicht richtig, weil sie nicht »loslassen« kann. Es hilft ihr, von mir zu hören, dass sie nicht loslassen muss (Kachler, 2012). Die Liebe zu ihrer Tochter darf weiterleben und wir erarbeiten Möglichkeiten, wie sie ihre veränderte Beziehung pflegen kann. Sie erkennt, wie wichtig ihr die regelmäßigen Grabbesuche sind und erlaubt sich nun diese.

Die Zeit der Trauer ist eine Zeit der Übergänge. Beide Richtungen, das Hingehen und das Weggehen, sind schwer und brauchen manchmal konkrete Übergangshilfen. Unterstützend und hilfreich können Rituale sein und jemand, der ganz körperlich zur Seite steht, mitgeht und an dem man sich auch festhalten kann. Hier sind in der Trauerbegleitung Parallelen zur Traumatherapie zu finden. Es geht auch hier um ein sich Einlassen und Distanzieren auf dem Hintergrund einer angemessenen Dosierung. KBT-Angebote, wie das Gestalten einer gemeinsamen Lebenslinie (Schmitz, 2004) oder Gestaltung eines Trauerraumes und eines Lebensraumes mit Symbolgegenständen machen ein Hin- und Weggehen sowie einen Perspektivenwechsel möglich. Sie gestatten neue Sichtweisen auf den Trauerprozess und stärken die Erfahrung der Selbstwirksamkeit.

Zum Erinnern und Erzählen ermutigen

Im wiederholten Erinnern und Erzählen wird sowohl die Lebensgeschichte der Hinterbliebenen als auch die der Verstorbenen bearbeitet. Mitgebrachte Bilder und Erinnerungsgegenstände fördern diesen Prozess. Darüber hinaus ermöglicht die KBT über Körperwahrnehmung und Symbolisierung einen Zugang zu Erfahrungen, die im Körper gespeichert sind. Damit können sich Symptome, Schmerzen oder andere Beschwerden und die zugehörigen Affekte lösen (Blunk, 2006).

> Eine Frau konnte nach dem Suizid ihres Mannes mit niemandem über ihre ambivalenten Gefühle sprechen. Die Herausforderungen des Alltags waren groß und sie musste sich zusammenreißen und funktionieren. In den darauffolgenden Monaten kam es immer wieder zu Schwindelanfällen, für die keine körperlichen Ursachen gefunden werden konnten. Nachdem sie in der Therapie einen Raum gefunden hatte, wo sie erinnern, wahrnehmen und erzählen konnte, verschwanden nach und nach die Schwindelanfälle.

Risiken und Ressourcen einschätzen

Es ist wichtig, sowohl Risikofaktoren als auch Ressourcen zur Bewältigung von Trauer abzuklären. Neben dem Gespräch und gezielten Fragen zu Risikofaktoren und Ressourcen, bietet die KBT viele Möglichkeiten der Körperwahrnehmung und des Begreifbarmachens. Ein einfaches und wirkungsvolles Angebot ist es, die Klient*innen einen Gegenstand für ihre Trauer wählen zu lassen. Über die sinnliche Wahrnehmung und den realen körperlichen Umgang, das »Be-greifen«, erschließen sich den Klient*innen neue Facetten ihrer Trauer. Neben Mimik, Gestik, körperlicher Bewegungen und Haltungen der Klient*innen, achte ich auch auf die Wahrnehmung meiner eigenen körperlichen Resonanz. Daraus erschließen sich Ressourcen und Risiken oft recht unmittelbar.

> Eine trauernde Witwe kam sehr verunsichert zur Trauerbegleitung. Sie wählte ein Jahr nach dem plötzlichen Tod ihres Mannes einen handtellergroßen Stein für ihre Trauer. Im sinnlichen Begreifen kam sie zu der Erkenntnis, dass sie jetzt gut mit ihrer Trauer umgehen kann. Diese kleine Körpersequenz gab ihr neuen Mut und die Zuversicht, dass sie auf einem guten Weg der Verarbeitung war.

7.5.3 Abschließende Gedanken

Die KBT bietet über die Sprache hinaus wichtige Zugänge über die Körperwahrnehmung, das Körpererleben und die nonverbale Symbolisierung. Dieser Zugang hilft Trauernden die Vielfalt ihrer Gedanken und Gefühle zu erschließen und zu begreifen. Im handelnden Tun können sie sich als selbstwirksam erleben und dadurch neues Vertrauen in sich und ihr Leben entwickeln und gestärkt durch ihre Trauer gehen.

Literatur

Barrett, M.J. & Stone Fish, L. (2016). *Komplexe Traumafolgestörungen erfolgreich behandeln.* Paderborn: Junfermann Verlag.
Blunk, R. (2006). Neuropsychologie für Psychotherapeutinnen. In E. Schmidt (Hrsg.), *Lehrbuch Konzentrative Bewegungstherapie.* Grundlagen und klinische Anwendung (S. 41–51). Stuttgart: Schattauer.
Bowlby, J. (2006). *Verlust.* Trauer und Depression. München: Ernst Reinhardt Verlag.
Budjuhn, A. (1997). *Die psychosomatischen Verfahren.* Konzentrative Bewegungstherapie und Gestalttherapie in Theorie und Praxis. Dortmund: Verlag modernes Lernen.
Huber, M. (2012). *Trauma und die Folgen.* Paderborn: Junfermann Verlag.

Kachler, R. (2012). *Meine Trauer wird dich finden*. Ein neuer Ansatz in der Trauerarbeit. Freiburg im Breisgau: Herder.

Lammer, K. (2014). *Trauer verstehen*. Berlin: Springer.

Lechler, H. (2006). Spiel. In E. Schmidt (Hrsg.), *Lehrbuch Konzentrative Bewegungstherapie. Grundlagen und klinische Anwendung* (S. 97–99). Stuttgart: Schattauer Verlag.

Ogden, P., Minton, K. & Pain, C. (2010). *Trauma und Körper*. Paderborn: Junfermann Verlag.

Paluselli, C. (2005). KBT im Licht der Neurowissenschaft. KBT als expliziter Zugang zu impliziten unbewussten Gedächtnisinhalten. In: S. Cserny & C. Paluselli (Hrsg., 2006), *Der Körper ist der Ort des psychischen Geschehens. Grundlagenwissen der Konzentrativen Bewegungstherapie* (S. 159–226). Würzburg: Königshausen & Neumann.

Reddemann, L. & Dehner-Rau, C. (2013). *Trauma heilen*. Ein Übungsbuch für Körper und Seele. Stuttgart: TRIAS Verlag.

Schmitz, U. (2004). *Konzentrative Bewegungstherapie (KBT) zur Traumabewältigung*. Göttingen: Vandenhoeck und Ruprecht.

Schreiber-Willnow, K. (2016). *Konzentrative Bewegungstherapie*. München: Ernst Reinhardt Verlag.

Schwarze, R. (2006). Einzeltherapie. In E. Schmidt (Hrsg.), *Lehrbuch Konzentrative Bewegungstherapie. Grundlagen und klinische Anwendung* (S. 109–136). Stuttgart: Schattauer.

Wagner, B. (2013). *Komplizierte Trauer*. Berlin: Springer.

Worden, W. (2011). *Beratung und Therapie in Trauerfällen*. Bern: Hans Huber Verlag.

Znoj, H. (2016). *Komplizierte Trauer*. Göttingen: Hogrefe.

7.6 Onkologie und KBT – Berührungen an der Grenze

Sigrid Kügerl

Krebserkrankungen waren im Jahr 2021 die zweithäufigste Todesursache in Deutschland (Statistisches Bundesamt, 2023). Als Risikofaktoren für die Entstehung von Krebs gelten u. a. Rauchen, Übergewicht und Ernährung oder Umweltbelastungen (RKI, 2022).

Dieser Beitrag beschäftigt sich mit der psychotherapeutischen Begleitung der Patient*innen mit der KBT während des gesamten Krankheitsverlaufs und der Verarbeitung der damit verbundenen psychosozialen Themen.

7.6.1 Psychoonkologie

Die Psychoonkologie ist eine junge Wissenschaft, die in Deutschland ihre Anfänge in den 1960er Jahren hatte. »Unter dem Fachbegriff Psychoonkologie wird eine Teildisziplin der Onkologie definiert, deren Aufgabe es ist, die Wechselwirkungen zwischen körperlichen, seelischen und sozialen Einflüssen in der Entstehung und im gesamten Verlauf einer Krebserkrankung zu bearbeiten und die Kenntnis in psychosoziale Diagnostik und Behandlungsansätze umzusetzen« (Weiss, 2010, S. 113). Es handelt sich dabei um ein multidisziplinäres Angebot. Psychoonkolog*innen sind meist Psycholog*innen, Psychotherapeut*innen, Ärzt*innen oder Pflegepersonen mit einer Fortbildung für Psychoonkologie. Sie betreuen und begleiten Krebspatient*innen während des gesamten Krankheitsverlaufs. Im Zentrum der Arbeit steht die Unterstützung von Krebspatient*innen und deren Angehörigen im Umgang mit sozialen und psychischen Herausforderungen, welche die Erkrankung mit sich bringt. Das Ziel ist es, eine möglichst gute Lebensqualität der Betroffenen zu erreichen.

7.6.2 Krankheitsphasen und psychosoziale Faktoren

Unterschiedliche Modelle unterteilen in fünf bis sieben Krankheitsphasen. Bei der Einteilung in fünf Phasen nach Fawzy I. Fawzy wird als erste Phase, jene des Erfahrens der Diagnose, als zweite die Behandlung und als dritte eine Erholungsphase beschrieben. Darauf folgt eventuell das Auftreten eines Rezidivs und als fünfte und letzte Phase, jene der terminal-palliativen Maßnahmen (Fawzy zitiert nach Angenendt, Schütz-Kreilkamp & Tschuschke, 2007). Gabriele Angenendt, Ursula Schütze-Kreilkamp und Volker Tschuschke (2007) erweitern die Phasen um jene des Verdachts auf eine Krebserkrankung und die Phase des Fortschreitens der Erkrankung.

Für die psychotherapeutische Arbeit ist bereits jene Zeit bedeutsam, in der ein *Verdacht* auf eine schwere Krankheit im Raum steht. Diese Bedro-

7.6 Onkologie und KBT – Berührungen an der Grenze

hung verunsichert Patient*innen massiv und macht sie zunächst orientierungslos. Besonders starke Emotionen erleben Patient*innen und ebenso Behandler*innen in der Phase der *Mitteilung der Diagnose*. Die Patient*innen geraten häufig in einen Schockzustand, so dass sie ab diesem Moment keine Informationen mehr aufnehmen können. Gerald Hüther (2009) spricht von einer »unkontrollierbaren Stressreaktion, wenn Belastungen auftreten, für die eine Person keine Möglichkeiten einer Lösung durch ihr eigenes Handeln sieht, an der sie mit all ihren bisher erworbenen Reaktionen und Strategien scheitert« (S. 37). Mit dem*der Psychoonkolog*in können die Fakten zu einem späteren Zeitpunkt zum besseren Verständnis und zur Verarbeitung angesprochen und thematisiert werden. Im weiteren Verlauf versucht der*die Therapeut*in gemeinsam mit dem*der Patient*in Strategien zu entwickeln, die wieder ein psychisches Gleichgewicht herstellen können.

In der Klinik sieht man, dass sich häufig eine gewisse Beruhigung bei Patient*innen einstellt, wenn die *medizinischen Behandlungen* beginnen. Damit wird die Erkrankung real und begreifbar und das Gefühl entsteht, dass alles Mögliche getan wird, und es öffnen sich Perspektiven, die motivieren. Gerade in dieser Phase ist es wichtig und hilfreich, in der therapeutischen Begleitung nach Möglichkeit im Hier und Jetzt zu bleiben. Fragen, die die Zukunft betreffen und nicht beantwortet werden können, verwirren und belasten die Patient*innen.

Wenn die medizinischen Behandlungen vorbei sind und Patient*innen als körperlich geheilt zur KBT kommen, sind durch die Behandlungen meist nicht nur kranke Krebszellen im Körper zerstört, sondern auch die Psyche hat Wunden davongetragen. »Dass sich der Organismus wieder regeneriert, gleicht einem Wunder. Und das ist der entscheidende Punkt in der begleitenden Psychotherapie, damit Betroffene das auch so erleben und sich mit dem veränderten Körper wieder anfreunden können… Die Unterstützung kann sein, wieder Licht in die Zellen zu lassen, damit sich dadurch das Tödliche, das Sterbende herauslösen kann. Parallel dazu nicht nur in die Körperzellen, sondern auch in die Seele das Licht zu lassen« (Kügerl, 2017, S. 64).

Ein erstes *Rezidiv* ist mit viel Stress verbunden. Die Patient*innen befürchten, dass die Krankheit nicht mehr kontrollierbar sei und zum Tode führen könne. Forschungen der Psychoneuroimmunologie bestätigen, dass Stress und Furcht vor einem Rezidiv die Entzündungen im Körper fördern und sich dadurch negativ auf den weiteren Krankheitsverlauf auswirken. Christian Schubert beschäftigt sich mit der Wirkung von Stress auf das Wachstum und die Metastasierung von Krebszellen. »Um es noch einmal deutlich zu sagen: Krebs ist – entgegen der Überzeugung vieler Onkologen – keine ausschließlich biologische Krankheit. Er ist vielmehr eng mit der psychischen und psychosozialen Geschichte und dem aktuellen Leben und Erleben des Patienten verwoben« (Schubert, 2021, S. 164).

In der *Palliativphase* lassen Patient*innen oft ihr Leben Revue passieren, versuchen ihre Angelegenheiten zu ordnen und ihren Nachlass zu organisieren. Andere können dem Ende nur begegnen, indem sie es verleugnen. Das Loslassen fällt manchmal schwer und kann als Kampf und Auflehnung erlebt werden. Von der KBT profitieren Patient*innen, da sich die Begleitung auf das Hier und Jetzt fokussiert, die momentanen Befindlichkeiten und aktuellen Ziele bekommen Raum.

Im *Endstadium* orientiert sich die Medizin an der Linderung der Symptome. Atemnot oder Schmerzen erträglich zu machen, steht im Fokus der Behandlung. Manche Patient*innen berichten von einem ganzheitlichen Schmerz, der nicht nur aus dem erkrankten Körper, sondern auch aus der psychischen Belastung zu kommen scheint. Wenn Patient*innen nicht mehr sprechen können, gilt es, noch aktive Funktionen (Gehör, Atmung, Fühlen von Berührung) zu nutzen. Der*Die KBT-Therapeut*in bietet auch in dieser Phase interessierte Gegenwart an und bleibt an der Seite der sterbenden Person. Als handlungsfähiges, authentisches Gegenüber mit Einfühlsamkeit zur Verfügung zu stehen und zu begleiten, kann während des Sterbeprozesses Patient*innen und Angehörige unterstützen.

7.6.3 Umgang mit Veränderungen

Die einzelnen Phasen verändern das Erleben der Erkrankung. Auf Unsicherheit und Schock folgen Zuversicht und Hoffnung, die dann wieder von Verzweiflung und Hoffnungslosigkeit abgelöst werden können. Die Herausforderung liegt darin, ein flexibles Betreuungssetting anzubieten, in dem immer wieder der Zugang zu eigenen Ressourcen gefunden werden kann.

Frau M., Mitte 30, meldet sich in meiner Praxis, nachdem der Verdacht auf Brustkrebs von ihrer Ärztin geäußert wurde. Sie lebt allein, fühlt sich aber in ihrem familiären Umfeld und bei Freund*innen gut integriert und behütet. In der ersten Stunde wirkt sie orientierungslos und voller Angst. Sie beschreibt das Gefühl: »Als ob mir der Boden unter den Füßen weggezogen wurde.« Der Fokus liegt auf dem Spüren des Bodens und des eigenen Stands. Die Patientin kann dadurch Vertrauen in ihre körperlichen Fähigkeiten spüren.

Die Erfahrung zeigt, dass viele Patient*innen nicht wissen, wie sie mit ihrem sozialen Umfeld umgehen sollen. Was denken die anderen? Wem soll ich was erzählen? Wie sollen wir mit den Kindern reden? Diese und ähnliche Fragen beschäftigen Patient*innen anfangs meist mehr als die Erkrankung selbst. Dabei therapeutische Hilfestellung zu geben und die Möglichkeit zu schaffen, über die Situation zu sprechen, erleben viele Menschen erleichternd. Die Aussage: »Geheimnisse kosten Energie und die gesamte Energie brauchen Sie jetzt für sich selbst«, können viele Patient*innen gut annehmen.

Frau M. erhielt eine neoadjuvante Chemotherapie an der onkologischen Tagesklinik. Das Ziel, den Brustkrebs dadurch zu verkleinern, wurde erreicht. Anfangs lag das Hauptaugenmerk von Frau M. in der Psychotherapie auf dem Umgang mit ihrem sozialen Umfeld. Sie fragte sich, wie sie mit Arbeitskolleg*innen, Freund*innen und der Familie sprechen sollte. Frau M. stellte mit Steinen und Murmeln jene Menschen dar, die für sie wichtig sind. Dadurch konnte sichtbar gemacht werden, dass es sich um unterschiedliche Gruppen handelte, zu denen eine enge oder eine lose Verbindung bestand. Die Patientin konnte sich danach klar dafür entscheiden, mit ihrer Familie offen zu sprechen. Für den Arbeitsalltag wollte sie das Homeoffice nutzen, um mit den Arbeitskolleg*innen nicht über ihre Erkrankung zu sprechen. Ihren Vorgesetzten informierte sie, um Auszeiten und Krankenstände mit Arbeitszeit immer wieder kombinieren und abwechseln zu können. So erlebte sie sich wieder als handlungsfähig und das Gefühl von Unsicherheit nahm ab.

Das Wichtigste ist, als Therapeut*in wertschätzend und einfühlsam anwesend zu sein. Eine beständige Begleitung an der Seite zu haben, wirkt stabilisierend und stärkt das Vertrauen in die eigenen Ressourcen. Die KBT ermöglicht das Wahrnehmen der gesunden schmerzfreien oder aktiven Körperteile. Wenn aufgrund von Bewegungseinschränkungen, Schmerzen oder Bettlägrigkeit sonst nichts bleibt, ist der Körper samt all seiner Veränderung immer da. Die Wahrnehmung kann trotz körperlicher Einschränkungen, Schmerzen oder Atemnot zur Beruhigung genutzt werden.

Der Tumor an der Brust wurde nach der Chemotherapie operiert. Nach einer Erholungsphase und weiterer Therapie über mehrere Monate, erfolgte ein Brustaufbau mit Gewebe aus dem Bauch. Viele Untersuchungen, Besprechungen, Überlegungen und Ängste begleiteten die Patientin. Die Angst, dass es nicht gut ausgehen könnte und ihr Körper nicht mehr gesund und beweglich sein würde, war immer spürbar. Die körperlichen Veränderungen beschäftigten die Patientin sehr. Der Haarausfall war für sie besonders schwierig. Durch das wiederholte Berühren der immer weniger werdenden Haare, konnte sie sich den körperlichen Veränderungen annähern. Im Alltag trug sie für mehrere Monate eine Perücke. Nach dem Brustaufbau erlebte sie im Bauchraum größere Veränderungen als in der Brust. Wieder konnte Frau M. durch Berührung – anfangs über einen weichen Ball und später mit der eigenen Hand – eine Verbindung zu ihrem Bauch finden. Sie war sehr irritiert, dass er sich so gespannt, hart und unbeweglich anfühlte. Anschließend erzählte sie, wie hilflos sie sich fühle, wenn sie unbeweglich sei. Sie kenne es, sich einsam und isoliert zu fühlen, wenn sie keinen Sport machen könne und mit Freund*innen daher weniger in Kontakt käme. Diese Verbindung zu erkennen, brachte Erleichterung und ermöglichte wieder einen liebevollen Umgang mit dem eigenen Körper.

7.6.4 Vom Kommen und Gehen – berührende Übergänge

Thomas Harms (2016) beschreibt die Perspektiven der Geburt als aktives Geschehen, Erfahrung der Selbstwirksamkeit, Durchtrittserfahrung, individuelle Lösungsgeschichte, Beziehungsprozess und Entladungsvorgang. Die Begleitung sterbender Menschen kann ähnlich erlebt werden. Die Menschen sind – wie Neugeborene – nur über wenige Sinneskanäle erreichbar. Machen die Babys »vorsprachliche« Erfahrungen, sind es bei Sterbenden »nachsprachliche«. Patient*innen können sehr oft nicht mehr darüber berichten, was sie erleben. Je weiter der Sterbeprozess vorangeschritten ist, umso mehr müssen wir uns auf die eigenen Wahrnehmungen und noch vorhandene körperliche Reaktionen verlassen. Wir können nur vermuten und bestenfalls spüren, was Patient*innen erleben und brauchen.

> Frau L. wird auf der Palliativstation aufgenommen. Sie ist Ende 70, türkischer Abstammung und spricht kaum Deutsch. Die Großfamilie sieht sich verpflichtet, rund um die Uhr im Krankenhaus zu sein. Unruhe und Spannungen treten immer wieder auf. Der Allgemeinzustand von Frau L. verschlechtert sich binnen weniger Tage rapid. Sie ist trotz medikamentöser Einstellung oft sehr unruhig. Mit der Patientin in Kontakt zu kommen, ist schwierig. Aus medizinischer Sicht würde man sagen, dass sie »nicht mehr ansprechbar« sei. Als Psychoonkologin stelle ich mir die Frage: »Wie kann ich sie durch die KBT vielleicht dennoch erreichen? Was könnte ihr den Übergang aus dem Leben erleichtern?« Ich setze mich zu ihr und beobachte sie eine Weile. Meine Atmung wird ruhiger und gleichmäßiger. Ich biete ihr meine Anwesenheit mit einer Haltung des »für sie Daseins« an. Ich versuche zu spüren, ob eine körperliche Berührung passend sein könnte. Ich entscheide mich dagegen, um die Grenze von Frau L. nicht zu überschreiten. In dieser Begegnung spüre ich den Impuls ähnlich wie mit einem Neugeboren umzugehen. Wiegende kleine Bewegungen breiten sich in meinem Körper aus, mehr und mehr Ruhe kehrt ein. Ich benenne diese Wahrnehmungen und stelle sie damit auch Frau L. zu Verfügung. Ich summe leise ein Wiegenlied. Währenddessen beobachte ich die Patientin und vor allem ihre

Atmung. Nach und nach beruhigt sich ihre Atmung, wird flacher und gleichmäßiger. Ich spreche das an und hole immer wieder das Lockerlassen und Loslassen herein. In dieser ruhigen Atmosphäre verabschiede ich mich nach einiger Zeit von Frau L.

7.6.5 Abschließende Gedanken

Eine wichtige Basis für die psychotherapeutische Arbeit in der Onkologie ist die Auseinandersetzung mit dem eigenen Sterben und dem Tod. Begleitende Selbsterfahrung und das Bewusstsein der eigenen Betroffenheit bilden eine hilfreiche Basis, um in diesem herausfordernden Bereich arbeiten zu können. Die Auseinandersetzung mit Themen wie assistierter Suizid und der Möglichkeit eines selbst herbeigeführten Sterbens sind in diesem Zusammenhang ebenso wichtig. Die Psychoonkologische Begleitung mit Hilfe der KBT basiert auf dem Bewusstsein der unterschiedlichen Phasen der Erkrankung und den damit verbundenen emotionalen Zuständen der Patient*innen. Das Selbsterleben der Erkrankten verändert sich während dieser Zeit permanent, was im Gegenzug Flexibilität von dem*der Therapeut*in fordert. Therapeut*innen, die in der privaten Praxis tätig sind, begegnen den Patient*innen möglicherweise von der Diagnose oder dem Verdacht bis zum Fortschreiten der Erkrankung. Im Krankenhaus liegt der Fokus meist auf den die Krankheit begleitenden Symptomen, den häufig schmerzvollen körperlichen Behandlungen und dem Umgang mit dem sozialen Umfeld. Im Palliative Care stehen die Themen des Loslassens und Verabschiedens im Zentrum der Begleitung.

Von einer Therapiestunde zur nächsten können sich die Schwerpunkte der Patient*innen aufgrund veränderter Befunde stark verlagern. Die KBT bietet eine wertschätzende Begegnung mit den Patient*innen im Hier und Jetzt an und nimmt auf, was gerade da ist. Der körperorientierte Ansatz und die Vielfalt an methodenspezifischem Vorgehen sind für Patient*innen in allen Phasen der Erkrankung hilfreich. Besonders im Palliativbereich kann die Begleitung mit Konzentrativer Bewegungstherapie ihre ganze Stärke entfalten.

Literatur

Angenendt, G., Schütze-Kreilkamp, U. & Tschuschke, V. (2007). Praxis der Psychoonkologie. Psychoedukation, Beratung und Therapie. Stuttgart: Hippokrates.

Harms, T. (2016). Grundlagen und Methoden der Eltern-Säugling-Körperpsychotherapie. körper – tanz – bewegung. S 2–16.

Hüther, G. (2009). Biologie der Angst. Wie aus Stress Gefühle werden. Göttingen: Vandenhoeck & Ruprecht.

Kügerl, S. (2017). Wieder Licht in die Zellen lassen. Herausforderungen für die Konzentrative Bewegungstherapie in der Behandlung onkologischer PatientInnen. Masterthese Donauuniversität Krems.

RKI (2022). Krebs gesamt. Zugriff 19.07.2023 unter www.krebsdaten.de/Krebs/DE/Content/Krebsarten/Krebs_gesamt/krebs_gesamt_node.html

Schubert, C. (2021). Was uns krank macht – was uns heilt. Munderfing: Fischer & Gann.

Weiss, J. (2010). Aktueller Entwicklungsstand der Psychoonkologie im Spannungsfeld zwischen Psychotherapie, Beratung und Sterbebegleitung. Psychotherapie im Dialog, 11, S. 113.

Statistisches Bundesamt (2023). Todesursachen nach Krankheitsarten 2021. Zugriff am 19.07.2023 unter https://www.destatis.de/DE/Themen/Gesellschaft-Umwelt/Gesundheit/Todesursachen/_inhalt.html#235880

8 Forschungsergebnisse

Karin Schreiber-Willnow, Alexandra Epner, Swantje Grützmacher und Klaus-Peter Seidler

Seit ihren Anfängen wurde die Entwicklung der KBT von einzelnen empirischen Studien begleitet. Eine größere Forschungsaktivität zur KBT ist erst seit den 1990er Jahren zu verzeichnen. Diverse Diplom- und Masterarbeiten sowie Promotionen hatten seitdem die KBT zum Forschungsgegenstand, mehrere Veröffentlichungen in Fachzeitschriften erfolgten. Eine kommentierte Übersicht dieser empirischen Studien findet sich im Archiv der empirischen Literatur zur KBT (DAKBT, 2018). Über den Stand der Forschung bis 2013 berichtet Klaus-Peter Seidler (2014). Im Folgenden werden zentrale Ergebnisse aufgegriffen und hinsichtlich neuer Studien aktualisiert.

8.1 Wirksamkeit

Für den Nachweis der Wirksamkeit von KBT wurden bislang nur wenige Studien mit experimentellem Forschungsdesign durchgeführt, die alle ausschließlich die KBT-Gruppenbehandlung zum Gegenstand hatten. Im Vergleich zu den nicht mit KBT behandelten Patient*innen zeigten sich u. a. folgende positive Effekte:

- verbesserte Allgemeinbefindlichkeit und Rückgang körperlichen Missempfindens bei psychiatrischen Patient*innen (Weber, Haltenhoff, Combecher & Blankenburg, 1994),

- geringere Gehemmtheit und verbesserte Allgemeinbefindlichkeit bei psychosomatischen Patient*innen (Wernsdorf, 1998),
- Rückgang somatischer Beschwerden und vermehrte Selbstakzeptanz bei Patient*innen mit somatoformen Störungen (Röhricht, Sattel, Kühn & Lahmann, 2019),
- stärkere Selbstbehauptung und verminderte Versagensängste in studentischen Selbsterfahrungsgruppen (Kehde, 1994).

Kein positiver Effekt einer zusätzlichen KBT-Gruppenbehandlung konnte hingegen für orthopädische Patient*innen in Reha-Behandlung nachgewiesen werden (Röper, Schaus & Damhorst, 2002).

Vom subjektiven Wirksamkeitserleben her gehört die KBT neben verbaler Einzel- und Gruppentherapie zu den von Patient*innen am meisten geschätzten therapeutischen Elementen stationärer Psychotherapie (z.B. Kordy, von Rad & Senf, 1990).

In einer naturalistischen Studie konnte für die ambulante KBT-Einzeltherapie nach dreimonatiger Behandlungszeit eine gute Wirksamkeit mit reduzierten Beschwerden und positivem Veränderungserleben festgestellt werden (Seidler, Hamacher-Erbguth, Epner, Grützmacher & Schreiber-Willnow, 2023).

Unerwünschte Nebenwirkungen werden von KBT-Patient*innen im Vergleich zu Patient*innen anderer Gruppentherapie-Verfahren in einem ähnlichen oder etwas geringeren Ausmaß berichtet. Als belastend wird u.a. das Auftauchen negativer Erinnerungen und Gefühle in den KBT-Stunden erlebt, was aber damit einhergeht, dass Patient*innen einen therapeutischen Zugang zu sich selbst finden (Seidler, Grützmacher, Epner & Schreiber-Willnow, 2020).

8.2 Wirkfaktoren

Hinweise auf therapeutische Wirkfaktoren liefern Prozess-Ergebnis-Studien. Karin Schreiber-Willnow (2010) fand im Vergleich von klinisch erfolgreichen und weniger erfolgreichen Patient*innen stationärer Therapie, dass positive Ergebnisse dann zu verzeichnen waren, wenn sowohl allgemeine therapeutische Wirkfaktoren wie therapeutische Lernerfahrungen und Entwicklung von Zuversicht, als auch der Zugang zum körperlichen Erleben als methodenspezifischer Wirkfaktor zum Tragen kamen. Dieser methodenspezifische Wirkfaktor erwies sich als relevant für eine stabile Verbesserung des Körpererlebens zwei Jahre nach Therapieende (Schreiber-Willnow & Seidler, 2005).

Auf das Zusammenspiel von allgemeinen und methodenspezifischen Wirkfaktoren weisen auch Studien hin, in denen untersucht wurde, wie Patient*innen die einzelnen KBT-Stunden innerhalb ihrer Therapie erleben und wie die KBT-Behandlung rückblickend von ihnen hinsichtlich ihrer Wirkung und Wirkungsweise beurteilt wird. Vom Stundenerleben der Patient*innen her zeichnen sich als methodenspezifische Wirkfaktoren ab, ob Patient*innen in der Gruppen- oder Einzeltherapiestunde ein positives körperbezogenes Selbsterleben erfahren und in der Einzeltherapiestunde bedeutsame Körpererfahrungen machen. Als allgemeiner Wirkfaktor erscheint in der Gruppentherapie relevant, ob Patient*innen erleben, dass sie die therapeutischen Angebote in der Therapiestunde für sich nutzen können. In der Einzeltherapie ist hingegen von Bedeutung, ob Patient*innen den Eindruck haben, Nähe und Distanz zum*zur Therapeut*in gut reguliert zu haben (Seidler, Epner, Grützmacher & Schreiber-Willnow, 2013). In der rückblickenden Beurteilung der KBT-Gruppenbehandlung unterscheiden Patient*innen ebenfalls methodenbezogene und allgemeine Wirkfaktoren. Bei ersteren handelt es sich darum, ob zum einen in der Behandlung ein therapeutischer Zugang zu sich selbst anhand der KBT-Angebote erfahren wurde und zum anderen körperbezogene Erfahrungen und Effekte verzeichnet wurden. Allgemeine Wirkfaktoren spiegeln sich im Rückblick der Patient*innen darin wider, inwiefern die Behandlung durch eine positive Gruppenatmosphäre und positive Erfahrungen mit der Therapeutin bzw. dem Therapeuten gekennzeichnet war (Seidler, Grützmacher, Epner & Schreiber-Willnow, 2021).

8.3 Behandlungsspektrum

Mit KBT werden sämtliche psychotherapie-indikative Diagnosen behandelt (Seidler, Schreiber-Willnow, Hamacher-Erbguth & Pfäfflin, 2002). Es liegen einige wenige Studien zu schweren psychischen Störungen vor: z. B. wurden spezifische Wirkfaktoren in der KBT-Behandlung von schizophrenen Patient*innen identifiziert (Gentsch, 2004). Eine eingeschränkte Wirksamkeit der KBT zeigte sich in der stationären Behandlung von Patient*innen mit einer schweren bzw. therapieresistenten Depression (Bauer-Petersen, 2002). In einer Reihe von Studien, in denen Interviews mit erfahrenen KBT-Therapeut*innen qualitativ ausgewertet wurden, wird dargestellt, unter welchen methodischen Modifikationen das Behandlungsspektrum der KBT erweitert werden kann, z. B. bezüglich der Therapie von Patient*innen mit Körperbehinderung (Jedletzberger, 2017) oder in der Paartherapie (Kloser, 2014).

8.4 Resümee

Obgleich eine Reihe von empirischen Studien zur KBT vorliegt, fehlen methodisch hochwertige Untersuchungen, insbesondere zur Wirksamkeit. Dies ist auch darin begründet, dass bislang nur wenige universitäre Anknüpfungen und finanzielle Ressourcen für die Forschung zur Verfügung standen. Trotz dieser Einschränkungen lassen sich auf der Grundlage der bisherigen Studien erste empirisch abgesicherte Aussagen zur Wirksamkeit und Wirkweise der KBT machen. Hierzu gehören die nachgewiesene hohe Wertschätzung der KBT im Rahmen stationärer Therapie und die Bedeutsamkeit spezifischer Verfahrensmerkmale der KBT im subjektiven Erleben von Patient*innen im Therapieprozess. Auch zeichnet sich ein spezifisches Wirkungsprofil der KBT ab, das gekennzeichnet ist durch verbessertes (körperliches) Wohlbefinden und vermehrter Selbstbehauptung mit geringerer Gehemmtheit. Hierin spiegeln sich wesentliche

Schwerpunkte der therapeutischen Arbeit in der KBT wider. Aktuelle sowie geplante Forschungskooperationen des Österreichischen Arbeitskreises für Konzentrative Bewegungstherapie mit universitären Einrichtungen, wie bei der laufenden Studie »Prozess und Outcome in psychotherapeutischen Praxen« der Universität für Weiterbildung Krems bieten die Chance, diese empirische Befundlage zur KBT weiter zu entwickeln.

Literatur

Bauer-Petersen, K. (2002). Konzentrative Bewegungstherapie bei depressiven Patienten im Stationären Rahmen. Eine Einzelfallanalyse. Unveröff. Diplomarbeit. Universität Tübingen.

DAKBT (2018). Empirische Literatur. Archiv der empirischen Literatur zur KBT. Zugriff am 10.05.2022 unter: www.dakbt.de/forschung/empirische-literatur

Gentsch, S. (2004). Bewegungstherapie in der Schizophreniebehandlung am Beispiel der Konzentrativen Bewegungstherapie. Salzhausen: Lietzberg.

Jedletzberger, M. (2017). KBT für Menschen mit Behinderungen. Konzentrative Bewegungstherapie, 37, 59–63.

Kehde, S. (1994). Evaluation von Konzentrativer Bewegungstherapie in Selbsterfahrungsgruppen. Unveröff. Diplomarbeit, Universität Bielefeld.

Kloser, S. (2014). Die Paartherapie in der KBT. Unveröff. Master-Thesis, Department für Psychosoziale Medizin und Psychotherapie, Donau-Universität Krems.

Kordy, H., von Rad, M. & Senf, W. (1990). Therapeutische Faktoren bei stationärer Psychotherapie. Die Sicht der Patienten. Psychotherapie, Psychosomatik, Medizinische Psychologie, 40, 380–387.

Röper, R., Schaus, B., Damhorst, F. (2002). KBT bei PatientInnen mit chronischen Rückenschmerzen: Ergebnisse der KBT-Studie der Klinik für Rehabilitation, Bad Salzuflen. Unveröff. Manuskript, Klinikum für Rehabilitation, Bad Salzuflen.

Röhricht, F., Sattel, H., Kuhn, C. & Lahmann, C. (2019). Group body psychotherapy for the treatment of somatoform disorder – a partly randomised-controlled feasibility pilot study. BMC Psychiatry,19, 120.

Schreiber-Willnow, K. (2010). Körper-, Selbst- und Gruppenerleben in der stationären Konzentrativen Bewegungstherapie. Gießen: Psychosozial.

Schreiber-Willnow, K., Seidler, K.-P. (2005). Katamnestische Stabilität des Körpererlebens nach stationärer Gruppenbehandlung mit Konzentrativer Bewegungstherapie. Psychotherapie, Psychosomatik, Medizinische Psychologie, 55, 370–377.

Seidler, K.-P. (2014). Fragen stellen und beobachten: Forschungsergebnisse zur Konzentrativen Bewegungstherapie. European Psychotherapy (deutschsprachige Ausgabe), 11, 82–100.

Seidler, K.-P., Epner, A., Grützmacher, S., & Schreiber-Willnow, K. (2013, März). Der Stundenbogen zur Konzentrativen Bewegungstherapie (SB-KBT). Reliabilität und Validität eines Fragebogens für die Prozessdiagnostik in der körperorientierten Psychotherapie. Poster beim 64. Jahrestreffen des Deutschen Kollegiums für Psychosomatische Medizin (DKPM), Heidelberg.

Seidler, K.-P., Grützmacher, S., Epner, A. & Schreiber-Willnow, K. (2020). Negative Therapiefolgen körperorientierter Gruppenpsychotherapie am Beispiel der Konzentrativen Bewegungstherapie. Psychotherapeut, 65, 244–256.

Seidler, K.-P., Grützmacher, S., Epner, A. & Schreiber-Willnow, K. (2021). Reliability and Validity of the Evaluation Questionnaire for Concentrative Movement Therapy. Paper presented at the 52nd international annual meeting of the Society for Psychotherapy Research (SPR), Heidelberg.

Seidler, K.-P., Hamacher-Erbguth, A., Epner, A., Grützmacher, S. & Schreiber-Willnow, K. (2023). Veränderungserleben von Patienten in der Konzentrativen Bewegungstherapie. Die Psychotherapie, 68, 302–310.

Seidler, K.-P., Schreiber-Willnow, K., Hamacher-Erbguth, A. & Pfäfflin, M. (2002). Die Praxis der Konzentrativen Bewegungstherapie (KBT). Frequenz – Dauer – Setting – Behandelte Störungsbilder. Psychotherapeut, 47, 223–228.

Weber, C., Haltenhof, H., Combecher, J., Blankenburg, W. (1994). Bewegungstherapie bei Patienten mit psychischen Störungen: eine Verlaufsstudie. In: F. Lamprecht & R. Johne (Hrsg.), Salutogenese. Ein neues Konzept in der Psychosomatik (S. 536–543). Frankfurt a. M.: VAS.

Wernsdorf, T. (1998). Konzentrative Bewegungstherapie und Ich-Erleben. Eine Veränderungsmessung an psychosomatischen PatientInnen. Unveröff. Diplomarbeit, Universität Wien.

9 Institutionelle Verankerung der KBT

Ute Backmann und Maria Stippler-Korp

Die KBT hat sich seit den 1950er Jahren in Deutschland und seit den 1980er Jahren in Österreich zunehmend etabliert und findet in Kliniken und in ambulanten Praxen Anwendung. Seminare und Workshops werden auf vielen Tagungen und Kongressen, in medizinischen und psychotherapeutischen Ausbildungsinstituten, sowie in Hochschulen durchgeführt.

9.1 Stellung der KBT innerhalb des Gesundheitssystem in Deutschland

Die KBT ist in Deutschland als hochqualifizierte *Körperpsychotherapie* anerkannt (DAKBT, 2022) und gehört zum Standard im klinischen Setting. Derzeit ist sie in mehr als 140 psychosomatischen und psychotherapeutischen Kliniken im gesamten Bundesgebiet fest etabliert. Der besonderen Stellung der KBT als *spezialtherapeutisches Verfahren im multimodalen Setting* der Psychosomatischen Kliniken wurde durch die Richtlinie zur Personalausstattung durch den Gemeinsamen Bundesausschuss (2021) Rechnung getragen. Sie wird sowohl im gruppentherapeutischen als auch im einzelfallbezogenen Setting durchgeführt.

Juristische Grundlage zur therapeutischen Arbeit mit der KBT in ambulanten Praxen in Deutschland sind das Heilpraktikergesetz, sowie die üblichen organisatorischen und ethischen Standards, analog den Vorgaben der Psychotherapeutenkammer. KBT-Therapeut*innen, die in ambulanten

Praxen KBT-Heilbehandlung durchführen, müssen vorab die Prüfung als Heilpraktiker*in vor dem jeweiligen zuständigen Gesundheitsamt ablegen. Trotz nachhaltiger Bemühungen des Vorstands des DAKBT gehört die KBT im ambulanten Sektor nicht zum anerkannten und damit finanzierten Leistungsverfahren der Krankenkassen. In Einzelfällen können Patient*innen jedoch mit ihren Krankenkassen abrechnen. Viele Patient*innen bemühen sich aktiv im Anschluss an eine stationäre Psychosomatische/Psychotherapeutische Behandlung um eine KBT-Anschlussbehandlung.

Der DAKBT zählt zu den größten körperpsychotherapeutischen Verbänden in Deutschland. Er kooperiert mit verschiedenen psychotherapeutischen Fachverbänden, Hochschulen, Instituten und ist Mitglied im Dachverband für Psychotherapie (DVP), sowie der Deutschen Gesellschaft für Körperpsychotherapie (DGK). Der DAKBT ist Gründungsmitglied des EAKBT. Unter diesem Dachverband sind die europäischen KBT-Vereine zusammengeschlossen.

9.2 Stellung der KBT innerhalb des Gesundheitssystems in Österreich

Die KBT wurde im April 2001 vom Bundesministerium für Gesundheit als wissenschaftlich eigenständiges psychotherapeutisches Verfahren anerkannt (ÖAKBT, 2022). Der Abschluss der Ausbildung erfolgt mit der Berufsbezeichnung *Psychotherapeut*in (Konzentrative Bewegungstherapie)*. Die KBT ist somit anderen anerkannten psychotherapeutischen Verfahren gleichgestellt. Für die Behandlung ist eine Kostenerstattung entsprechend den jeweils geltenden Sätzen der Krankenkassen möglich.

9.3 Ausbildung

Die Ausbildung gliedert sich in Selbsterfahrung, in den Erwerb von Methodik und Theorie, in Beobachtung und Co-Leitung (auch in Kliniken), sowie in praktische selbständige Arbeit mit KBT unter Supervision und erfolgt berufsbegleitend.

Der Deutsche Arbeitskreis für Konzentrative Bewegungstherapie bietet eine Weiterbildung mit Zertifikatsabschluss in KBT, sowie berufs- und arbeitsspezifische Fortbildungen an. Die KBT Weiterbildung orientiert sich an den standardisierten Vorgaben der EAP (European Association for Psychotherapie) und berechtigt nach Abschluss zur Beantragung des ECP (European Certificate for Psychotherapie). Voraussetzung zur Weiterbildung ist ein Grundberuf aus den Bereichen Medizin/Gesundheit, Psychologie oder Pädagogik, sowie Berufserfahrung (DAKBT, 2022). Die Etablierung eines KBT-Masterstudienganges gemäß des Deutschen Hochschulrahmengesetzes ist in Planung und fundiert die Wissenschaftlichkeit der KBT.

In Österreich sind die Zugangsvoraussetzungen zur KBT-Ausbildung einer der vom Ministerium gelisteten Grundberufe sowie der Abschluss des viersemestrigen Propädeutikums. Der ÖAKBT bietet seit 2005 die Ausbildung in Konzentrativer Bewegungstherapie in Kooperation mit der Universität für Weiterbildung Krems an. Zugleich mit der fachspezifischen Ausbildung kann der akademische Grad »Master of Science/Psychotherapie« (ECTR 180) erworben werden. Aufgrund der Novellierungen sowohl des Universitätsgesetztes (2021) als auch des Psychotherapiegesetzes (2022/23 in Verhandlung) endet diese Zusammenarbeit im Jahr 2023. Neue Kooperationen sind angedacht und in Planung.

Die KBT unterscheidet sich von anderen körpertherapeutischen Verbänden durch die Ausrichtung der Ausbildung im Feld der Gruppenpsychotherapie, in der Befähigung zur Arbeit in stationären Einrichtungen, sowie in ihrem psychodynamischen Theorieansatz.

Literatur

DAKBT (2022). Homepage des DAKBT. Zugriff am 31.08.022 unter: www.dakbt.de
ÖAKBT (2022). Homepage des ÖAKBT. Zugriff am 31.08.022 unter: www.kbt.at

Stichwortverzeichnis

A

Anerkennung 193
Angebot 61, 99, 147
Arbeitshypothese 55
Ausbildung 194
Ausstattung 59

B

Becker, Hans 19
Behandlungsspektrum 189
Behinderung 161
Berührung 74, 108, 160
Bewegung 25, 30, 72
Bewegungsmuster 73
Bewegungsspielraum 93
Beziehung 36
Beziehung, therapeutische 55, 64, 170
Beziehungsdynamik 55
Beziehungsgestaltung 98

D

Damasio, Antonio 27
Diagnoseinstrumente 49
Diagnostik 46, 53
Diagnostik, symptomorientierte 47
Dialog, körperlicher 76

E

Eigenständigkeit 94
Einzelsetting 97
Entwicklungspsychologie, neuroaffektive 38, 39
Ethik 24
Externalisierung 149, 156

F

Fallbeispiel 88
Forschungsergebnisse 186

G

Garten 123
Gartentherapie 123
Gedächtnis 34
Gefühle 35
Gegenstände 77
Gehen 72
Gestaltkreis von Wahrnehmen und Bewegen 31
Gindler, Elsa 17
Gräff, Christine 20
Grenzen 154, 164
Gruppe, ambulant 109
Gruppen 105
Gruppendynamik 105
Gruppengespräch 109

Gruppenprozess 110
Gruppentherapie 105

H

Haltung, therapeutische 65
Handlungsdialog 81
Handlungsfähigkeit 153
Heller, Gertrud 19

I

Identitätsstärkung 166
Intelligenzentwicklung 38
Interaktionsangebote 81

K

Kognitive Einschränkungen 161
Konflikte 55
Konzentrativ 25, 67
Körper 26, 69
Körperbild 79
Körpererleben 145
Körperphänomene 54
Körperselbst 54
Körperstruktur 166
Kost, Ursula 18
Krankheitsphasen 178
Krebs 177

L

Leib 26, 27
Leib-Seele-Problem 25
Leibdiagnostik 50
Lernschwierigkeiten 161
Liegen 71

M

Merleau-Ponty, Maurice 26, 38
Metaphern 82

N

Natur 123
Naturerlebnis 124

O

Onkologie 177

P

Persönlichkeitsstörung 146
Persönlichkeitsstruktur 145
Phänomen 46, 48, 53
Piaget, Jean 38
Platz 59
Platz finden 60, 91
Psychoonkologie 178

R

Raum 59
Reflexion 83
Regulierung, interpersonelle 100

S

Selbstregulation 154
Selbstwahrnehmung 92
Selbstwirksamkeit 129
Setting, virtuell 133
Sitzen 71
Skalen zur Prozessdiagnostik 49
Somatische Marker 35
Spannungsintoleranz 146

Spiel 107
Sprache 82
Stehen 72
Stolze, Helmuth 20
Struktur 127
Struktur, psychische 65, 145
Strukturelle Fähigkeiten 55
Strukturniveau 107
Symbol 33
Symbolisierung 78, 125
Symbolisierungsfähigkeit 54

T

Teletherapie 131
Tetraeder des Begreifens 21, 31
Theorien, grundlegende 23
Therapeutische Beziehung 64
Therapie, onlinebasiert 131
Therapieplanung 48, 53
Tod 169
Trauer 169
Traueraufgaben 171
Trauerbegleitung 169
Trauma 152

Trauma-Exposition 156
Traumatherapie 153

U

Übertragung 150

V

Verwendung von Gegenständen 77

W

Wahrnehmung 32, 62, 67, 68, 70, 153
Weiterbildung 110, 194
Widerstand 63
Wirkfaktor 43, 65
Wirkfaktoren 187
Wirksamkeit 186

Z

Zeit 60